Demi-Sœurs

PIÈCE

PARIS
OLLENDORFF
1903

Demi-Sœurs

PIÈCE EN TROIS ACTES

Représentée pour la première fois au Théâtre-Antoine
le 10 novembre 1902.

DU MÊME AUTEUR

Tentation, comédie en un acte, en prose, représentée pour la première fois à Paris, sur le théâtre national de l'*Odéon*, le 17 mai 1894.

Sourds-muets, drame mimé en un acte, représenté par le *Cercle Funambulesque*, le 18 juin 1894.

La Conscience de l'Enfant, comédie en quatre actes, représentée pour la première fois à la *Comédie-Française*, le 11 décembre 1899.

Les Complaisances, comédie en cinq actes, représentée pour la première fois à Paris, au théâtre de la *Renaissance-Gémier*, le 30 décembre 1901.

SAINT-DENIS. — IMPRIMERIE H. BOUILLANT, 20, RUE DE PARIS. — 14290

GASTON DEVORE

Demi-Sœurs

PIÈCE EN TROIS ACTES

DEUXIÈME ÉDITION

PARIS
SOCIÉTÉ D'ÉDITIONS LITTÉRAIRES ET ARTISTIQUES
Librairie Paul Ollendorff
50, CHAUSSÉE D'ANTIN, 50

1903

A LA MÉMOIRE DE MON PÈRE

G. D.

PERSONNAGES

LAURE DARCY, 40 ans. Jolie, élégante, les allures jeunes, la physionomie mobile, expressive.	Mmes HENRIOT.
BLANCHE RÉCOURT, 22 ans. Fille aînée de Laure. Toilette très simple. Caractère enjoué avec des mouvements mystiques.	DAUPHIN.
GILBERTE DARCY, 18 ans. Enfant d'un second mariage. Très élégante. Caractère sombre, passionné.	MÉRY.
CLAIRE, 50 ans. Sœur de Laure. Vêtue à la vieille mode. Beaucoup de naturel, de gaieté, de bonhomie.	BERNY.
FEMME DE CHAMBRE.	

La scène se passe à Paris, de nos jours.
Les trois actes dans le même décor.

Une première version de cette pièce avait été représentée, le 2 juin 1896, par le Cercle des Escholiers (Présidence de M. Georges Bourdon) avec la distribution suivante :

LAURE DARCY.	Mmes NANCY-VERNET.
BLANCHE RÉCOURT.	LARA.
GILBERTE DARCY.	DULUC.
CLAIRE.	JENNY-ROSE.

Demi-Sœurs

ACTE PREMIER

Un petit salon élégant, féminin, intime, de tonalité claire, avec des objets d'art, des plantes vertes, des meubles gracieux. Trois portes donnent accès à ce salon : une de chaque coté de la cheminée qui occupe le milieu du panneau du fond, et une troisième, largement ouverte, sur le panneau de droite. Par cette dernière, on aperçoit un autre salon. Autour de la cheminée où flambe un beau feu clair, sont disposés un confortable fauteuil-bergère, une table à ouvrage, un canapé, etc.: c'est l'endroit où l'on aime à vivre. A gauche, au premier plan, un meuble secrétaire avec un siège devant. Au-dessus de ce meuble, un portrait d'homme d'une quarantaine d'années. A droite, au premier plan, une table sur laquelle se trouvent des journaux, des revues, des livres.

SCÈNE PREMIÈRE

CLAIRE, GILBERTE

Claire, au coin du feu, dans la bergère, lit le journal avec de grandes marques de satisfaction.

GILBERTE, *entrant.*

Tu es seule, tante Claire?

CLAIRE

Comme tu vois, petite...

GILBERTE

Il paraît que maman est sortie ?

CLAIRE, *toute à sa lecture.*

Oui...

GILBERTE

Avec Blanche ?...

CLAIRE

Avec ta sœur, oui...

GILBERTE

Où sont-elles allées ? tu le sais ?

CLAIRE

Oui...

GILBERTE

C'est un mystère?

CLAIRE

Pas du tout. Elles sont allées à l'exposition de tableaux qui s'ouvre aujourd'hui.

GILBERTE

Quelle exposition ?

CLAIRE, la regardant stupéfaite.

Tu vis donc dans la lune? Tu n'as pas entendu dire qu'on faisait une exposition des œuvres de Récourt?

GILBERTE

Quel Récourt?

CLAIRE

Comment! quel Récourt? Tu ne connais plus le nom de ta sœur?

GILBERTE

Ah! C'est du père de Blanche qu'il s'agit?

CLAIRE

Bien entendu, c'est du père de Blanche. Je n'ai jamais connu d'autre Récourt que le premier mari de ta mère. (Ironique). Peut-être sais-tu qu'il était peintre?

GILBERTE

Oui, oui, cela on me l'a dit.

CLAIRE

Eh bien! Il paraît que ce charmant garçon, qui avait beaucoup de cœur et d'esprit, était par-dessus le marché, un grand, un très grand artiste...

GILBERTE

Un grand artiste?

CLAIRE

Parfaitement. On vient de découvrir ça vingt ans après sa mort.

GILBERTE, *indifférente.*

Ah !...

CLAIRE

Mieux vaut tard que jamais, n'est-ce pas ? C'est égal, on aurait pu s'y prendre un peu plus tôt ! Récourt aurait été si heureux de ces admirations, et surtout de vendre ses toiles !...

GILBERTE

Sa peinture n'était pas appréciée autrefois ?

CLAIRE

C'est-à-dire qu'elle était l'objet des railleries les plus cruelles ! Les journaux, pleins de son triomphe aujourd'hui, en disaient pis que pendre ! Chaque année, avec une régularité infaillible, on lui refusait ses envois au Salon. Il en souriait, le malheureux... Et il en mourait aussi. Il disait : « On verra, on verra, dans vingt ans !... » On voit, en effet, mais pas lui ! C'est tout de même enrageant ! Et il est parti avec le chagrin de nous laisser sans ressources, ta mère, la petite Blanche qui avait deux ans à peine, et ta pauvre tante Claire.

GILBERTE

Ainsi, vous avez connu la misère ?

CLAIRE

La misère noire ! Et tu avais joliment de la chance de n'être pas au monde ! Tant que Récourt était là, ça marchait encore, grâce à quelques amateurs qui passaient pour des fous et qui étaient des malins. Mais, lui disparu, la vente de son atelier nous donna tout juste le pain de quelques mois... Et nous passâmes deux années dont je ne souhaite les pareilles à personne ! Heureusement que ton père est revenu à temps des colonies, et nous tira de cette affreuse situation en épousant ta mère... (Elle revient à son journal.)

GILBERTE, avec une fierté d'enfant.

C'est mon papa, à moi, qui vous a sauvées de cette détresse ?

CLAIRE

Ton père a été pour nous le Messie !

GILBERTE

Ça me fait plaisir d'entendre cela !

CLAIRE

Ça me fait plaisir de le dire.

GILBERTE, regardant avec tendresse le portrait qui est accroché au mur.

Il était si bon !

CLAIRE

Le meilleur homme du monde.

GILBERTE

Si généreux!

CLAIRE

Nous en avons eu la preuve.

GILBERTE

Et quelle intelligence! quelle activité! quelle énergie! Il n'avait pas son pareil pour mener à bien les grandes affaires!

CLAIRE

Tout lui réussissait!

GILBERTE

Et avec cela d'une probité!...

CLAIRE

Oh! scrupuleuse!

GILBERTE, regardant toujours le portrait.

Comme on voit bien à sa physionomie l'homme de cœur qu'il était!... Tu ne peux t'imaginer comme je suis heureuse d'avoir ce portrait... Il est d'une ressemblance...

CLAIRE

On dirait qu'il va parler...

GILBERTE

Il me parle, tante Claire... Nous avons de grandes conversations... Nous nous comprenons toujours...

CLAIRE, se levant et venant à elle.

Allons, allons! ne t'attarde pas dans ces idées. Pense à tes robes, pense au prochain bal, pense à ton cousin Darcy qui pense à toi, lui, j'en suis sûre!

GILBERTE, toute à ses pensées.

Il y a, dans la vie de mon père, un détail qu'il n'a jamais voulu me raconter, lui qui me racontait tout... Quand je l'interrogeais à ce sujet, il me répondait d'une manière évasive, avec un voile de tristesse dans les yeux...

CLAIRE

Quel détail?

GILBERTE

Ce sont les circonstances qui ont précédé son départ pour les colonies.

CLAIRE

Ah! oui... (S'éloignant.) Il s'était expatrié à la suite d'un gros chagrin.

GILBERTE, la suivant.

Quel chagrin?

CLAIRE, évasive.

Une déception très cruelle!...

GILBERTE

Tu la connais?

CLAIRE

Parbleu!

GILBERTE

Tu ne veux pas me la dire?

CLAIRE, se remettant dans sa bergère.

Mais si, mais si, je te la dirai... un autre jour... Aujourd'hui, je n'ai pas la tête à ça. Quelle heure est-il?

GILBERTE

Onze heures et demie...

CLAIRE

Ta mère et ta sœur ne vont pas tarder à rentrer. J'ai hâte de savoir leur impression. Tous les journaux prétendent que l'exposition va avoir un succès fou.

GILBERTE, avec un sentiment de jalousie.

Blanche doit être fière!...

CLAIRE

Tu penses!...

GILBERTE, avec inquiétude.

Et maman?

CLAIRE, naïvement.

Ta mère déborde d'enthousiasme.

GILBERTE

Ah!

CLAIRE

Depuis quinze jours, elle est dans un état d'ébullition extraordinaire! Elle n'ouvre plus la bouche, si ce n'est pour parler de la chose...

GILBERTE, *sombre.*

Elle en parle à tout le monde, excepté à moi.

CLAIRE

C'est bizarre!

GILBERTE

Et pourquoi ne m'en a-t-elle pas dit un mot?

CLAIRE

Ah! je n'en sais rien... Nous sommes sœurs, nous avons été élevées ensemble, nous ne nous sommes jamais quittées, car elle m'a toujours fait une bonne petite place à son foyer, personne n'ayant eu l'esprit de m'épouser... Eh bien, malgré nos origines communes, et notre vie en commun depuis l'enfance, nous n'avons jamais pu, ta mère et moi, accorder nos idées! Nos cervelles ne sont pas faites sur le même patron!... Veux-tu lire un de ces articles?

GILBERTE

Merci.

CLAIRE

Ça ne t'intéresse pas?

GILBERTE

Ma foi, non !

CLAIRE

Il s'agit d'un événement très honorable pour nous toutes.

GILBERTE

Pour nous toutes ? En quoi, pour moi ? Cela ne me regarde pas ! Le père de Blanche n'est pas mon père. Je ne porte pas son nom, maman non plus ! Nous nous appelons Darcy !

CLAIRE

Sans doute. Cependant ta mère l'a porté ce nom qui devient célèbre. Elle l'a porté pendant quelques années seulement, c'est vrai, mais elle l'a porté, et Blanche le porte toujours ! Tu dois donc, il me semble, en bonne fille et en bonne sœur que tu es, prendre intérêt à ce qui les intéresse, te réjouir de ce qui les réjouit et t'honorer de ce qui les honore !... Moi non plus, je ne m'appelle pas Récourt... ça ne m'empêche pas d'être très contente et très fière des admirations que récolte, trop tardivement, un brave garçon qui a été mon beau-frère ! C'est peut-être bête, mais ça me flatte ! Qu'est-ce que tu dis ?

GILBERTE

Rien.

CLAIRE, se levant et allant de nouveau à elle.

Voyons, qu'y a-t-il encore ce matin? Tu t'es levée du mauvais côté?

GILBERTE

Pourquoi me dis-tu cela?

CLAIRE

On dirait que ça te chagrine ce qui arrive aujourd'hui?

GILBERTE

Moi? Pas du tout... Au contraire...

CLAIRE

Enfin, tu as quelque chose...

GILBERTE, après une hésitation, d'une voix sourde.

Eh bien! s'il faut te dire la vérité, tante Claire, il me semble qu'on oublie beaucoup ici, depuis quelque temps, celui que nous avons perdu, il y a deux ans à peine...

CLAIRE

Mais non, mais non, personne n'oublie ton père. Tout le monde le regrette...

GILBERTE

C'est bien facile à voir, il n'y a plus que moi pour le pleurer!

CLAIRE, *la grondant doucement.*

Petite, tu n'es pas sage ! On ne peut pas, on ne doit pas toujours pleurer ! Ce n'est pas une existence que de vivre dans les larmes !

GILBERTE

Est-ce ma faute si j'ai du chagrin ?

CLAIRE

Le premier devoir qu'on a, c'est d'apporter à ceux qui vous entourent et vous aiment, non de la tristesse, mais de la joie, du bonheur.

GILBERTE

Oh ! le bonheur et moi...

CLAIRE

Tu as tort de t'exciter toujours, comme tu fais, dans ta douleur, et de toujours toucher à ta blessure. Il faut avoir la volonté de guérir.

GILBERTE, *sombre.*

Je ne veux pas guérir !

CLAIRE, *avec bonhomie.*

Bah ! tu guériras tout de même, parce que c'est la loi... Il n'y a pas de terre si dévastée où ne repoussent, un beau jour, les fleurs. Et tu es une bonne terre, toi, petite ! Les fleurs y pousseront, — et même les fruits !... (*Elle se réinstalle dans sa bergère.*)

GILBERTE, avec passion.

Comment peux-tu me demander de la joie, tante Claire?... Tu ne comprends donc pas toute l'étendue de mon malheur?... Tu ne te rappelles donc pas quel ami était pour moi mon père?... Comme nous nous comprenions?... Quelle intimité et quelle confiance il y avait entre nous?... Sur toutes choses, nous avions les mêmes idées, les mêmes façons de sentir...

CLAIRE

Eh oui, ton père était plein de qualités, d'excellentes qualités qu'on retrouve en toi, et c'est un grand, un irréparable malheur de l'avoir perdu... Mais il avait aussi un défaut...

GILBERTE

Un défaut?

CLAIRE

Oui, un petit défaut que tu partages, et dont il faudra te corriger si tu ne veux pas rendre la vie impossible à ta mère et à ta sœur... Il était trop passionné, trop exigeant dans ses affections... Enfin, il avait... comment dire cela?... il avait trop de cœur!... (Sur un geste de Gilberte.) Mon Dieu, il en faut, assurément, il en faut beaucoup... mais pas trop, pas trop...

GILBERTE

Oui, sans doute, le bonheur est souvent fait d'oubli,

d'indifférence et même d'ingratitude... Mais pour être heureuse ainsi, il faut avoir une nature qui n'est pas, qui ne sera jamais la mienne !... Et puisque moi seule ici j'ai encore du chagrin, eh bien, j'aurai du chagrin pour tout le monde ! (Elle sort.)

SCÈNE II

CLAIRE SEULE, PUIS LAURE ET BLANCHE

CLAIRE, seule, suivant des yeux Gilberte.

Curieuse petite fille ! Il y a des malades comme ça, des malades qui seraient bien fâchés de retrouver la santé ! Heureusement que c'est en âge d'être mariée, et qu'il n'y a rien de tel comme un bon mariage, pour vous changer les idées. (Reprenant son journal). Voyons, où en étais-je ?... Ah ! voilà ! « On ne peut concevoir qu'une telle peinture, si large et si simple, d'une profonde originalité en même temps que d'une incontestable sagesse, se soit heurtée si longtemps à l'indifférence publique. » (Parlé). C'est incroyable, en effet. On dirait que la peinture, ça devient meilleur en vieillissant, comme le vin en bouteille... (Continuant de lire). « Les figures y vivent, avec une intensité de sentiment... »

Laure et Blanche entrent très animées. Elles sont suivies de la femme de chambre qui, quelques instants après, emporte leurs chapeaux et leurs manteaux.

BLANCHE, *venant embrasser sa tante.*

Bonjour, tante Claire...

CLAIRE

Ah! vous voilà!

BLANCHE

Nous voici...

CLAIRE

Vous avez vu?

BLANCHE, *joyeuse.*

Nous avons vu.

CLAIRE

Racontez-moi ça...

LAURE, *dans la fièvre.*

Eh bien, ma bonne Claire, tu as eu tort de ne pas venir! Cela valait la peine de se déranger!

CLAIRE

Il faisait si froid, ce matin... Et puis, tu sais, moi, j'ai bien mieux vu la chose dans les journaux. Ils sont emballés!

LAURE

Tout ce qu'on peut dire n'approche pas de la vérité. Il faut voir... C'est extraordinaire... c'est inouï... c'est merveilleux!...

CLAIRE

Vraiment?

LAURE

Je m'attendais à retrouver de belles choses, certes! Je ne m'attendais pas à des impressions pareilles!

CLAIRE

Tu les connaissais pourtant, tous ces tableaux?

LAURE

Sans doute, je les connaissais presque tous, ou plutôt je croyais les connaître, parce qu'ils ont été faits sous mes yeux. N'est-ce pas à moi que Charles confiait ses espoirs, ses enthousiasmes?... N'est-ce pas moi qui le consolais et le ranimais aux heures de découragement?... Cela n'empêche que, dans le fond, j'étais bien loin de comprendre la force de son esprit et la valeur de son art...

CLAIRE

De sorte que, toi non plus, tu ne rendais pas justice à sa peinture?

LAURE

Pas complètement, non, je l'avoue. Mes yeux ne savaient pas voir, alors. J'aimais l'œuvre parce que j'aimais l'artiste... mais aujourd'hui seulement, elle m'est apparue dans sa réelle, dans sa profonde, dans son éternelle beauté!

CLAIRE

Ça, c'est curieux!

LAURE

Et comment te dire ma surprise et mon émotion en retrouvant dans ces tableaux, qui n'ont pas vieilli, eux, tous les meubles, tous les objets dont se composait notre modeste intérieur? J'ai revu notre atelier de Passy, où l'on était si heureux, où l'on vivait dans une si chaude atmosphère d'intimité et d'art...

CLAIRE

Comme c'est loin, tout ça!

LAURE

J'ai revu notre armoire normande, notre lit breton... nos flambeaux de cuivre...

CLAIRE

Ah! oui, nos vieux flambeaux...

LAURE

J'ai revu le fauteuil de cuir que tu ne quittais guère, et où tu faisais ta dentelle de fil...

CLAIRE

Il ne valait pas cette excellente bergère!...

LAURE

J'ai revu notre poêle que tu tisonnais toujours, et auprès duquel tu vivais, car tu as toujours été frileuse...

CLAIRE

Ça ne valait pas ce bon feu de bois... Mais, enfin, on s'en contentait !

LAURE

J'ai revu le berceau de Blanche, et, au milieu de ses dentelles, l'adorable figure de la petite... Tu te rappelles comme elle était jolie ?...

CLAIRE

Certainement, elle était jolie... Elle l'est encore !

LAURE, *s'asseyant sur le canapé, auprès du feu.*

Les contes d'Orient parlent d'un tapis enchanté qui vous emportait, avec la vitesse de la pensée, dans le pays où vous souhaitiez être... Un miracle semblable s'accomplissait pour moi... Je me trouvais transportée dans ma vie d'il y a vingt ans...

CLAIRE, *à Blanche.*

Il y avait beaucoup de monde ?

BLANCHE

Oh ! beaucoup !

CLAIRE

Et du monde... qui paraissait satisfait ?...

BLANCHE

Tous les yeux disaient la joie, l'admiration !

CLAIRE

Et toi, que pensais-tu ?

BLANCHE

J'étais heureuse ! j'étais fière ! J'aurais voulu crier mon nom dans la salle ! Tante Claire, je crois que j'ai commis le péché d'orgueil.

CLAIRE

Eh bien, tu n'es plus au couvent ! Un petit péché de temps en temps, ça ne fait pas de mal ! Je te donne l'absolution ! (A Laure). Vous n'avez rencontré personne ?

LAURE

J'ai reconnu un ami intime de Charles : le peintre Roberty qui venait souvent nous voir après la séance... Tu t'en souviens ?

CLAIRE

Vaguement.

LAURE

On le saluait beaucoup, car c'est un homme célèbre. Il faisait une longue station devant chaque tableau où il semblait admirer surtout les mains... Tu te rappelles ces mains si vivantes, si expressives ?

CLAIRE

Oui... oui... Il ne t'a pas reconnue ?

LAURE

Un moment, il nous a observées avec attention, et j'ai craint qu'il ne nous abordât. Mais j'ai regardé ailleurs et il est retourné aux tableaux.

BLANCHE

J'aurais bien voulu, moi, lui parler, lui serrer la main. Il me semblait que je voyais en cet homme, d'air si bon et si supérieur, quelque chose de mon père dont je ne me rappelle rien par moi-même.

LAURE

Et moi, je désirais, avant tout, passer inaperçue.

CLAIRE

Pourquoi ça?

LAURE

Mon émotion ne regardait personne... Nous nous sommes assises devant le grand tableau : l'*Espoir*... Tu te rappelles cette admirable composition?...

CLAIRE, cherchant.

Ma foi...

LAURE, agacée.

Comment! tu ne t'en souviens pas?... Eh bien, tu peux te vanter de n'avoir pas de mémoire!

CLAIRE

Je ne savais pas que c'était si beau que ça, moi.

LAURE

Enfin, ce fut la dernière œuvre importante de Charles. Quand il y travaillait, la mort n'était pas loin, et je ne m'en doutais guère... Un jour, Blanche dormait dans mes bras, elle avait deux ans, et je la regardais avec une telle expression de bonheur et d'espoir, et notre groupe s'arrangeait si bien, que Charles voulut nous peindre comme cela... De quel cœur il se donna à cette œuvre, malgré ses forces défaillantes!... Et dans un coin du tableau, un peu dans l'ombre, il a mis son portrait. On voit sa pauvre figure pâle, mangée de fièvre... comme prête à disparaître. Ses yeux sont fixés sur nous... ils nous disent adieu, un adieu si tendre qu'il me fallut faire un grand effort pour ne pas sangloter en public!... Le bras de Blanche était passé sous le mien... nous nous serrions l'une contre l'autre... Plus je regardais le tableau, plus je me sentais unie à cette enfant... son père était là, vivant, devant mes yeux... (Gilberte entre. Au bruit de la porte, Laure s'arrête. Bas à Claire). Plus un mot de cela !

CLAIRE, stupéfaite.

Pourquoi donc ?

LAURE, bas.

Gilberte...

CLAIRE, haussant les épaules.

En voilà des cachotteries!...

LAURE, bas.

J'ai mes raisons.

Elle se tourne vers le feu comme si elle n'avait pas entendu Gilberte. Celle-ci, venant par le salon de droite, dépose en passant des morceaux de musique sur le piano qui s'y trouve, puis elle observe sa mère avec inquiétude. Un silence.

CLAIRE, à Blanche.

Il y a là un article superbe. Veux-tu le lire ?

BLANCHE

Oh ! mais oui, tante Claire... (Elle se rapproche avec empressement de sa tante.)

CLAIRE

Je le savourais tout à l'heure quand vous êtes entrées. Tiens, régale-toi surtout de ce passage... (Elle lui tend le journal. Blanche lit.)

SCÈNE III

CLAIRE, LAURE, BLANCHE, GILBERTE

GILBERTE, venant à sa mère.

Bonjour, maman.

LAURE, se levant et allant vivement vers Gilberte.

Bonjour, ma petite Gilberte. (Elles s'embrassent, mais elles pensent à autre chose. — D'un ton artificiellement enjoué.) Où étais-tu? Que faisais-tu?

GILBERTE

J'étais dans ma chambre. J'étudiais mon piano.

LAURE

C'est très bien, cela.

GILBERTE

Et toi? Tu étais sortie?

LAURE

Oui...

GILBERTE

Pourquoi ne m'as-tu pas emmenée?

LAURE

Tu te serais ennuyée...

GILBERTE

Jamais je ne m'ennuie avec toi...

LAURE

C'est très gentil, mais on ne peut pas être toujours ensemble...

GILBERTE

Pourquoi donc?

LAURE

Parce qu'on ne le peut pas... (Gilberte regarde sa mère avec insistance). Pourquoi me regardes-tu ainsi ?

GILBERTE

Pour te voir.

LAURE

Me trouverais-tu changée, par hasard ?

GILBERTE

Un peu, oui...

LAURE, riant.

En voilà une idée ! (Elle passe et va regarder des cartes qui se trouvent sur la table de droite). Ces cartes sont arrivées ce matin ?

GILBERTE, la suivant des yeux.

Oui, elles sont arrivées ce matin.

CLAIRE, à Blanche qui lui rend le journal.

Qu'en dis-tu ?

BLANCHE, enthousiaste.

Je dis que c'est beau, un acte de justice !...

CLAIRE, gaiment.

Surtout quand il nous favorise !

BLANCHE, gaîment.

Oh! toujours, tante Claire... (Elle va à Gilberte avec un empressement affectueux.) Bonjour, Gilberte.

GILBERTE, sombre.

Bonjour.

BLANCHE

Qu'est-ce que tu as?

GILBERTE

Rien.

BLANCHE

Comme tu es sombre, ce matin!

GILBERTE

Comme tu es gaie!

BLANCHE

Il vient de m'arriver, en effet, une grande joie, et elle serait encore augmentée, ma chère Gilberte, si tu voulais la partager.

GILBERTE

Je risquerais de te faire partager ma tristesse. (Mouvement de Blanche.) Gardons chacune notre lot va, cela vaut mieux... (Un temps.)

BLANCHE

Allons! nous nous embrasserons tout à l'heure, quand tes papillons noirs seront envolés. (Elle sort.)

CLAIRE, *se levant.*

L'heure du déjeuner s'avance. Je vais me préparer. Tu n'attends personne ?

LAURE

Personne.

CLAIRE

Bon !

GILBERTE

Je vais avec toi, tante Claire.

LAURE

Non, reste. *(Claire sort.)*

SCÈNE IV

LAURE, GILBERTE

LAURE, *avec une certaine sévérité.*

Je ne suis pas contente de toi, Gilberte.

GILBERTE, *passionnée.*

Oh ! maman, ne me gronde pas !

LAURE, *s'adoucissant.*

Du calme, mon enfant ! Je ne serai pas bien sévère, va ! L'ai-je jamais été pour ma petite Gilberte ? Je voudrais seulement que tu fusses un peu plus gentille avec ta sœur. Ce serait un gros chagrin pour moi s'il y avait un dissentiment sérieux entre vous. Tu ne veux pas, je pense, me rendre malheureuse ?

GILBERTE, avec élan.

Oh ! non, non, maman, je ne le veux pas.

LAURE

Blanche est douce, patiente, et tu n'as assurément aucun grief sérieux contre elle... Songe qu'elle a eu, au couvent, une jeunesse très triste qu'il faut lui faire oublier... Tu lui dois donc double affection et aussi des égards, puisqu'elle est ton aînée. Je suis sûre, d'ailleurs, que tu l'aimes...

GILBERTE, sincère.

Certainement, je l'aime !

LAURE

Je te vois souvent l'embrasser avec des élans qui me font bien plaisir... Mais, à d'autres moments, aujourd'hui, par exemple, tu lui témoignes une froideur, une hostilité qui me désolent... Tu es trop variable et trop extrême dans tes variations... Est-ce un simple défaut de tes dix-huit ans ? ou bien as-tu quelque raison secrète pour être ainsi ?

GILBERTE, baissant les yeux.

Je ne sais pas...

LAURE, avec insistance.

Cherche...

GILBERTE

Ce matin, je me suis éveillée avec du chagrin.

LAURE

Ce n'est pas la faute de ta sœur...

GILBERTE

Sans doute, mais quand je l'ai vue si animée, si heureuse, si étrangère à mes pensées, mon impression a été très pénible, et alors...

LAURE

Admettons pour aujourd'hui. Mais les autres jours ?...

GILBERTE

Les autres jours ?

LAURE

Oui. Tu ne dis pas tout, Gilberte.

GILBERTE, *regardant sa mère.*

Eh bien, tu as raison. Je vais parler franchement. Pourquoi ne pas dire ce qu'on a sur le cœur ? Il me serait très facile d'être toujours bonne, toujours douce, toujours affectueuse, si j'étais sûre...

LAURE

Sûre de quoi ?

GILBERTE

Sûre... que tu es toujours la même pour moi...

LAURE

Pourquoi douter de cela ? N'es-tu pas toujours mon enfant ?

GILBERTE

Tu as quelquefois des expressions qui m'inquiètent... Je ne te sens pas toujours avec moi... Il y a entre nous quelque chose... je ne sais quoi... une sorte de secret qui...

LAURE, effrayée.

Où vas-tu chercher des idées pareilles ?

GILBERTE

Quand papa vivait, je ne connaissais pas ces doutes, et ne craignais aucune rivale. Blanche était au couvent, où elle se plaisait tant qu'elle voulait se faire religieuse. Mais quand le malheur nous est arrivé, elle a cédé à tes prières, elle a renoncé à prononcer ses vœux, elle est venue vivre avec nous... Oh ! je ne m'en plains pas, et je l'aime, tu le sais... Pourtant, je vois bien que, depuis lors, mon intimité avec toi diminue... Tu me caches des choses. Tu ne causes presque plus avec moi, et tu as, avec Blanche, au contraire, des conversations qui n'en finissent plus, et qui s'arrêtent court quand je surviens. Qu'est-ce que tu as donc de si particulier, de si important à lui dire ?... Enfin, cela est visible, ton affection pour elle augmente de jour en jour, et peut-être est-ce de mon bien qu'elle prend !

LAURE, s'animant malgré elle.

Gilberte, tu n'es pas raisonnable, tu n'es pas juste ! Si l'une de mes filles a le moins le droit de se plaindre, n'est-ce pas toi ? N'as-tu pas toujours été la favorisée, toi qui as été élevée par moi-même, qui ne m'as jamais quittée, alors que ta sœur est restée quinze ans au couvent ? Voilà la faute que j'ai commise ! J'aurais dû toujours la garder avec moi, puisque je te gardais. Tu te serais habituée à partager avec elle... C'est un vilain, un très vilain sentiment que la jalousie...

GILBERTE, d'un accent profond.

Je t'aime, je n'ai plus que toi, et je ne veux pas te perdre !...

LAURE, émue, changeant de ton.

Oui, mon enfant... Je sais, je comprends... Tu m'aimes avec toute la fougue, toute l'intransigeance de tes dix-huit ans, et cela te fait dire parfois des choses... que tu ne penses pas... Aussi, je te pardonne, va, la peine que tu me fais quelquefois. (Elle l'attire doucement dans ses bras). Comment t'en voudrais-je, petite passionnée, qui souffre d'un trop-plein d'amour ? Ne pourrais-tu pas aimer avec plus de douceur, de calme, de confiance ?

GILBERTE

J'aime comme je peux.

LAURE

Et tu aimes bien... Tu aimes comme ton père...

GILBERTE, heureuse.

Vrai ?

LAURE, regardant sa fille dans les yeux

Tu es son vivant portrait. Tu as ses manières brusques, ses accents profonds, des mots qui partent du cœur... Tout à l'heure, quand tu parlais, il me semblait l'entendre... J'ai rencontré ton regard et j'ai vu ses yeux.

GILBERTE

Comme il y avait longtemps que nous n'avions parlé ainsi! Cela me manquait...

LAURE

Chère petite...

GILBERTE

Quand l'idée me prend que tu deviens indifférente au passé qui m'est cher, que nous n'avons plus les mêmes regrets, je me sens alors si seule, si malheureuse!... Il me semble que tu ne m'aimes plus...

LAURE

Rassure-toi, mon enfant. Rassure-toi sur le passé, et rassure-toi sur le présent... Mes regrets sont toujours aussi profonds, et tu es toujours ma fille chérie...

GILBERTE

Alors, c'est bien vrai, tu n'as rien oublié des jours heureux, quand nous étions tous les trois, rien que nous?...

LAURE, avec sentiment.

Non, je n'ai rien oublié...

GILBERTE

Et tu m'aimes toujours autant ?

LAURE

Toujours autant !

GILBERTE, joyeuse.

Alors, je ne suis plus méchante.

LAURE

A la bonne heure.

GILBERTE

Veux-tu sortir avec moi aujourd'hui ?

LAURE

Avec plaisir.

GILBERTE

Le jour de l'an approche et nous sommes en retard pour nos cadeaux. Nous les achèterons bien beaux, n'est-ce pas ? Nous ferons des folies !

LAURE

C'est entendu... Et Blanche ? Ne lui diras-tu pas un mot gentil ?

GILBERTE

Oh ! si, si, je lui parlerai, sois tranquille. Tu seras

contente de moi. A tout à l'heure ! (Elle sort vivement, après avoir donné à sa mère des baisers passionnés).

SCÈNE V

LAURE, puis CLAIRE

LAURE, seule, suivant des yeux Gilberte.

Elle ne sait pas trop ce qui la tourmente, mais j'ai peur de la comprendre, moi...

CLAIRE, entrant.

Me voilà prête. Est-il l'heure?

LAURE

Je ne sais pas...

CLAIRE, se chauffant.

Il fait aujourd'hui un froid stupide. Brrr... Quelle abominable invention que l'hiver!.. Et sais-tu, à ce propos, ce que je pense ?

LAURE, distraite.

Non.

CLAIRE

Je pense que si l'on avait mis du froid dans l'enfer au lieu de flammes, cela aurait fait le monde plus vertueux... Brr... (Laure soupire). Eh bien, qu'est-ce qu'il y a encore? Tu soupires?

LAURE

Je suis tourmentée.

CLAIRE

Naturellement. C'est ton état normal. Ton imagination est une véritable fabrique à soucis.

LAURE

Je n'ai pas ton heureux caractère.

CLAIRE

Aussi digères-tu mal. Tu ne dors pas. Tu te fais une bile noire. Tu te donnes la fièvre. Tu te détraques à revenir incessamment sur le passé, à t'interroger sur l'avenir... Eh! laisse donc le passé tranquille, et l'avenir aussi. Tu ne changeras rien à l'un, et n'empêcheras rien dans l'autre. Et jouis du présent! Le présent seul existe, et il est assez agréable, dans cette confortable maison, au milieu de ce luxe charmant, pour qu'on ne lui fasse pas l'impolitesse de le dédaigner.

LAURE

Ta façon pratique de voir les choses est insupportable!

CLAIRE

Ma chère amie, tu as eu la gentillesse de me donner l'hospitalité, aux bons comme aux mauvais jours, et je la paie de mon mieux, avec du bon sens et de la bonne humeur. C'est une monnaie dont tu n'es pas riche. Sans moi, il n'y aurait ici que lamentations et que scènes... Voyons ! pour quel motif grave soupires-tu aujourd'hui ?

LAURE

Tu as vu tout à l'heure comme Gilberte était agressive envers sa sœur ?

CLAIRE

Je n'ai rien vu.

LAURE, *agacée.*

Tu ne remarques jamais ces choses-là.

CLAIRE

Pourquoi faire ? Quelle importance peut bien avoir une petite pique entre jeunes filles ?

LAURE

Le mal est plus sérieux que tu ne crois. Je viens d'interroger Gilberte, et elle m'a répondu avec un accent qui m'épouvante. Malgré moi, pendant qu'elle parlait, je songeais à une autre scène terrible, qui eut lieu quelques mois avant mon premier mariage...

CLAIRE

Tu veux parler de la scène où tes deux prétendants faillirent en venir aux mains ?

LAURE

Ah ! tu t'en souviens, si peu de mémoire que tu aies !

CLAIRE

Oui, oui, je m'en souviens. C'était une trop belle folie d'amoureux ! Provoquer l'homme à qui tu donnais la préférence, en voilà un moyen de te faire la cour !... Et après ? Tu empêchas le duel. Darcy s'expatria... puis il revint et eut son tour... Tout ça, c'est des histoires anciennes et bien finies, puisque tes deux maris sont morts !

LAURE

Leurs filles sont vivantes.

CLAIRE

Que crains-tu donc ? Je ne vois pas mes nièces s'appelant en duel !

LAURE

Tu plaisantes toujours !

CLAIRE

Pourquoi pas ?

LAURE

Je crains que Blanche et Gilberte n'aient apporté en naissant, l'une contre l'autre, une hostilité inconsciente qui peut éclater tôt ou tard. Mon Dieu ! que deviendrais-je, si je me trouvais un jour entre mes filles, comme je me trouvai jadis entre leurs pères !...

CLAIRE

Tu te montes la tête à plaisir ! Sans doute, il est difficile à ces enfants d'avoir des rapports très affectueux, n'ayant pas été élevées de la même façon, et n'ayant rien de commun dans les goûts, ni dans le caractère. Blanche est une grande réservée, façonnée par le couvent, avec laquelle on ne se lie pas aisément. Gilberte est une intransigeante qui s'exalte aux questions de sentiment... Mais elles n'ont aucune raison pour se prendre aux cheveux. (Sur un geste de Laure.) En tout cas, tu as de quoi parer à leurs discordes, vraies ou imaginaires.

LAURE

Tu veux parler du mariage de Blanche?

CLAIRE

Parfaitement. Et aussi du mariage de Gilberte. La grand'mère nous écrit lettre sur lettre pour qu'on lui expédie la petite. Il y a du cousin là-dessous!

LAURE

Je le pense aussi. Mais Gilberte semble avoir une grande aversion pour le mariage...

CLAIRE, gaiement.

Bon! ça passera. Une aversion pour le mariage?... Non, c'est insensé! Quant à Blanche, voilà huit jours que la famille Monnier... Ah! à propos, j'ai reçu ce matin de M. Monnier père, un homme vraiment aimable, un sac de bonbons... dont tu vas me dire des nouvelles. (Elle lui présente le sac).

LAURE, refusant.

Merci.

CLAIRE

Tu as tort. Ils sont exquis... (Elle en croque plusieurs). Exquis!... Quels braves gens que ces Monnier!... Donc, voilà huit jours que ces braves gens m'ont chargée de certaines propositions... Pourquoi n'en as-tu pas encore parlé à Blanche?

LAURE

Je ne sais pas...

CLAIRE

Je vais te le dire. Tu as grand peur qu'elle ne les accepte.

LAURE

Il y a si peu de temps que j'ai retrouvé cette enfant. Dire que sa jeunesse s'est usée au couvent! Comment ai-je pu avoir l'idée de la mettre au couvent? Ah! si c'était à refaire!...

CLAIRE

Tu le referais!

LAURE

Oh! non. Elle a été trop près de se faire religieuse!

CLAIRE

Aujourd'hui, il ne s'agit pas de prendre le voile, mais un mari... C'est autrement intéressant!...

LAURE

Il faudra bien, sans doute, se résoudre au sacrifice, un jour ou l'autre.

CLAIRE, gaiement.

Alors, le plus tôt sera le mieux! Tu ne peux trouver pour elle un meilleur parti.

LAURE

C'est bien possible.

CLAIRE

L'an dernier, à Trouville, nous avons vu de près cette excellente famille. Le jeune homme est très gentil, très obligeant. Quand nous allions en promenade, il ne manquait pas de m'offrir la main pour descendre de voiture, et les jeunes gens qui pensent aux vieux sont rares par le temps qui court! Il adore Blanche qui ne semblait pas se déplaire avec lui. Il a une belle dot, en rapport avec celle que tu donnes. Donc, tout s'y trouve : convenances, fortune, amour... Qu'est-ce que tu veux de plus?

LAURE

Tu as raison. Va dire à Blanche de venir me retrouver.

CLAIRE

Avec plaisir... Seulement, j'emporte mes bonbons. (Elle sort.)

SCÈNE VI

LAURE, BLANCHE.

BLANCHE

Tu veux me parler, maman?

LAURE

Oui, mon enfant. J'ai des choses très importantes à te dire... Viens t'asseoir près de moi.

BLANCHE

De quoi s'agit-il?

LAURE

D'abord, que penses-tu de la famille Monnier?

BLANCHE, *étonnée.*

Ce sont des gens charmants.

LAURE

Et quelle est ton opinion, plus spécialement, sur M. Georges Monnier?

BLANCHE, *baissant les yeux.*

M. Georges? Que veux-tu que je t'en dise? C'est un jeune homme... très bien.

LAURE

Pas plus?

BLANCHE, souriant.

C'est déjà beaucoup!

LAURE

Il a conçu pour toi une affection très vive.

BLANCHE, émue.

Ah!...

LAURE

Et ses parents ont prié ta tante Claire de s'informer de tes sentiments à son égard...

BLANCHE

Ah! ils ont prié tante Claire?...

LAURE

Oui. Y a-t-il en toi une sympathie pour répondre à la sienne? Consentirais-tu à l'épouser?

BLANCHE

L'épouser...

LAURE

Ne serait-ce pas tout naturel?

BLANCHE, très troublée.

Peut-être ai-je un peu pensé à lui... peut-être ai-je été touchée de l'intérêt qu'il me porte et que j'avais deviné, mais de là au mariage.

LAURE

Puisque tu avais pressenti ses intentions, tu dois avoir un peu préparé ta réponse...

BLANCHE

C'est vrai. J'attendais cette demande. Eh bien, il faut lui dire qu'il se trompe sur moi, que je ne suis pas celle qu'il lui faut, et que je lui souhaite tout le bonheur qu'il mérite!... Je ne veux pas me marier.

LAURE

Avec lui?

BLANCHE

Encore moins avec un autre.

LAURE, *ne pouvant contenir sa joie.*

Tu veux toujours rester avec moi?

BLANCHE, *la regardant avec chagrin.*

Oh! maman, tu ne me comprends pas!... Hélas! Voilà donc le moment de te dire les idées qui me sont revenues, ou qui plutôt ne m'ont jamais quittée, et qui de jour en jour, deviennent plus impérieuses, plus irrésistibles!..

LAURE

Tu veux retourner au couvent?

BLANCHE

Oui, maman.

LAURE

Non, ce n'est pas possible! Qu'est-ce que je t'ai fait? Tu n'as pas été heureuse avec moi?

BLANCHE

Aussi heureuse qu'on peut l'être dans le monde.

LAURE

Ah! voilà! On a su t'inspirer la haine et le mépris du monde!

BLANCHE

Non, mais il ne m'attire pas, voilà tout. Le bruit m'étourdit. Le mouvement me lasse. Tout ce qu'on appelle plaisir me semble d'une vanité sans bornes. Je ne dis pas que j'aie raison... C'est ainsi. De tout temps, je me suis vue en habit de religieuse et priant... Je ne saurais pas me conduire dans la vie. J'y serais dépaysée..

LAURE

Est-ce toi que j'entends? Ainsi, voilà ce qu'on a fait, au couvent, de ma petite Blanche? On lui a appris l'indifférence, le détachement de tout. On lui a appris... la dissimulation! Car enfin, voilà deux ans que nous vivons dans une intimité complète... que nous parlons de tout, à cœur ouvert... moi, du moins! J'aurais juré que les idées de religion étaient à cent lieues de ton esprit! Ah! tu gardes bien tes secrets!

BLANCHE

Je savais que tu aurais une grande peine. De là mon hésitation... Mais pourquoi t'épouvanter?... Toutes mes amies sont religieuses. Si tu savais quelles lettres charmantes elles m'écrivent! Quelles lettres respirant le calme, la gaieté! Il ne faut pas croire qu'on soit triste au couvent!...

LAURE

Je crois, en effet, qu'on y pleure moins souvent que dans la vie! Mais qu'est-ce que ça fait? N'est-ce donc rien que de fonder une famille, d'avoir des enfants, même s'ils doivent être ingrats et vous faire souffrir? N'est-ce donc rien que de mettre du bonheur autour de soi, de se dévouer corps et âme, non à une idée, ou à son propre salut, mais à des êtres vivants? N'est-ce donc rien que d'aimer, enfin!

BLANCHE

Il y a plusieurs façons d'aimer, de se dévouer...

LAURE

Ah! si ton père vivait encore, il saurait te dire, lui, avec l'autorité d'un grand esprit, la beauté, la noblesse de la vie! Moi, je ne sais pas! Il saurait t'enseigner une autre religion, qui vaut la tienne, la religion de l'amour! Hélas! il n'est plus là pour te convaincre et pour te sauver! (Frappée d'une idée en fixant les yeux sur le meuble-secrétaire.) Mais, j'y pense, je ne t'ai jamais fait lire...

BLANCHE

Quoi donc?

LAURE

Ainsi, j'ai oublié cela! Comment peut-on oublier les choses qui vous tiennent le plus au cœur!... (Elle s'assied, profondément troublée).

BLANCHE

Que veux-tu dire?

LAURE

Je me souviens que ton père avait écrit pour toi un livre, et ce livre contient peut-être le remède à tes erreurs...

BLANCHE

Mon père avait écrit un livre... pour moi?

LAURE

Oui. Il savait qu'il s'en irait jeune, — hélas! son œuvre prenait sa vie! — et qu'il ne pourrait diriger ton éducation... Cette idée lui était infiniment douloureuse. Souvent il songeait avec inquiétude à ce que tu deviendrais, à la personne que tu serais vingt ans plus tard, c'est-à-dire aujourd'hui. Alors, le soir, quoique épuisé par son travail du jour, il écrivait des réflexions, des conseils qui t'étaient destinés et qui devaient te guider dans l'avenir. J'entends encore sa plume courir sur le papier... Je vois son visage soucieux où s'exprimait toute sa tendresse paternelle. Il espérait qu'en te nourrissant de sa pensée, tu pourrais résister aux influences étrangères et que tu deviendrais, malgré sa disparition, sa vraie fille, la fille de son esprit... Comment il se fait que je ne t'ai pas encore donné ces pages qui t'appartiennent? C'est un mystère inexplicable... (Elle va au meuble.) Heureusement, il est temps encore : le livre est là dans un tiroir secret de ce meuble, avec des lettres que ton père m'écrivit à l'époque où nous étions fiancés... Ah! les adorables lettres!... Je te les montrerai un jour, ces chères reliques. Je ne sais plus ce que je fais... mes mains tremblent... Tu vois, on ouvre ce tiroir... un ressort caché fait lever le double fond... Voilà qui est étrange... La cachette est vide!

BLANCHE

La cachette est vide?

LAURE

Regarde toi-même... Je suis si troublée...

BLANCHE, regardant.

Il n'y a rien..

LAURE

Rien?... Le secret aurait-il été découvert? (Elle bouleverse fiévreusement les autres tiroirs). Voici l'album!... Pour sûr, il a été changé de place. Après tout, peut-être par moi!... Quant aux lettres, qu'ont-elles bien pu devenir? Oh! je les retrouverai... (Elle feuillette un moment l'album avec émotion).

Prends ce livre, mon enfant. Lis ces pages, si exquises, et si tendres, avec la vénération qu'elles méritent... Ton père s'y est peint lui-même, en faisant le portrait moral de la fille qu'il rêvait, avec une vérité, avec un charme inexprimables... Compare-toi à cette image, et prends conscience de ta vraie nature sur laquelle tu te trompes. (Elle lui donne l'album). A tout à l'heure... (Elle l'embrasse). J'ai confiance ! (Elle sort).

BLANCHE, seule, lisant sur le premier feuillet.

« Pour ma fille bien aimée, en qui j'espère revivre. » (Elle se dirige lentement vers la porte).

SCÈNE VII

BLANCHE, GILBERTE.

GILBERTE, entrant et venant vivement vers Blanche.

Blanche, mes papillons noirs sont envolés. Veux-tu m'embrasser ?

BLANCHE, revenant.

Volontiers, ma chère Gilberte. (Elles s'embrassent).

GILBERTE

Recommençons la journée, veux-tu ?... Bonjour. Tu vas bien aujourd'hui ? Tu n'es pas fâchée avec moi ?

BLANCHE, souriant.

Pourquoi le serais-je ? Je sais que tu es toujours

charmante et bonne, au fond. même quand tu ne crois pas l'être. (Elle veut s'éloigner).

GILBERTE, la retenant.

Écoute. Il m'est venu une idée.

BLANCHE

Laquelle?

GILBERTE

Je voudrais...

BLANCHE

Dis.

GILBERTE

Nous devrions changer de manière d'être, l'une avec l'autre. Nous nous connaissons à peine. Il y a comme une glace entre nous. J'ai envie de la casser! Qu'en penses-tu? Si nous devenions amies, de vraies amies?

BLANCHE

Cela me sera très doux, si...

GILBERTE

Si?

BLANCHE

Si nous restons ensemble.

GILBERTE

Que veux-tu dire?

BLANCHE

Peut-être serons-nous bientôt séparées...

GILBERTE

Comment cela ?

BLANCHE

Tu le sauras... Mais, pardonne-moi, j'ai besoin d'être seule...

GILBERTE

Toujours seule ! Ma petite Blanche, je t'en prie, reste avec moi...

BLANCHE

Je ne puis pour l'instant, je t'assure.

GILBERTE, *reprenant son air sombre.*

Ah ! je ne te connaîtrai jamais, toi ! Quoi que je fasse, nous serons toujours des étrangères !

BLANCHE

Nous serons toujours sœurs.

GILBERTE

Demi-sœurs...

BLANCHE

Nous ferons pour le mieux. *(Elle tend la main à Gilberte qui aperçoit à ce moment l'album de Recourt.)*

GILBERTE, agitée.

Qu'est-ce donc que ce livre?

BLANCHE, étonnée de l'accent de Gilberte.

C'est un album de pensées.

GILBERTE

Qui te l'a donné?

BLANCHE

Maman.

GILBERTE

Qui l'a écrit?

BLANCHE

Mon père...

GILBERTE

Ah!... C'est bien, va, je ne te retiens plus... (Blanche sort.) Je le reconnais, ce livre. Il était entre les mains de mon père, la veille de sa mort... avec les lettres maudites qui lui ont fait tant de mal! Il y a, au fond de tout cela, des choses que je ne comprends pas... Il faudra que j'en aie le cœur net!... (Elle sort.)

RIDEAU

ACTE DEUXIÈME

ACTE II

SCÈNE PREMIÈRE

GILBERTE, seule.

(Elle est agitée et semble épier les bruits de la maison. Elle ouvre la porte de gauche, regarde au dehors, puis la referme.)

Personne ne bouge... Qu'est-ce qui se passe? Pourquoi maman s'est-elle enfermée dans sa chambre, à double tour, au lieu de venir dans ce salon, comme d'habitude?... Elle avait un air étrangement préoccupé pendant le déjeuner. A quoi pensait-elle encore? (Elle va entr'ouvrir, puis refermer la porte de droite.) Rien non plus du côté de Blanche. Elle n'est pas descendue pour le déjeuner, et c'est la première fois que cela arrive. Oh! les mystères, je les déteste! (Elle s'assied et s'absorbe dans ses réflexions. Elle se lève précipitamment quand elle entend la porte s'ouvrir.) Enfin, voici quelqu'un! Ah! c'est tante Claire!

SCÈNE II

GILBERTE, CLAIRE

(Claire apporte un carreau à dentelle de fil, garni de ses épingles et de ses fuseaux.)

CLAIRE

En personne ! Tante Claire va se mettre dans cette excellente bergère, au coin de ce feu réjouissant, et travailler à sa bonne dentelle. (Elle s'installe.) Tu devrais apprendre, petite, à faire de la dentelle de fil.

GILBERTE

Je n'aurais jamais la patience.

CLAIRE

Tu as bien appris le piano. C'est quatre fois plus difficile, et comme résultat, ça ne vaut pas. La musique s'envole et la dentelle reste !... Tu en trouveras des mètres et des mètres dans ta corbeille de mariage !... Et puis, vois-tu, il est très sage de préparer de bonne heure ses petites manies de vieillesse. On a eu bien raison, autrefois, de m'enseigner cela, car aujourd'hui, quand je joue de mes fuseaux, je vois ma belle jeunesse danser devant mes yeux. C'est si bon de se souvenir !

GILBERTE

Pas toujours !

CLAIRE, *vivement.*

Il faut avoir le parti-pris des souvenirs agréables !... Allons, viens prendre une leçon... Tu vois, on a un modèle qu'on fixe sur la roue... le rouleau mobile qui se trouve dans le milieu du métier, ça s'appelle la roue... Le modèle est percé de trous, selon le dessin, pour placer les épingles... On a plus ou moins de fuseaux suivant la finesse et la largeur de la dentelle...

GILBERTE

Tante Claire ?

CLAIRE

Mon enfant ?

GILBERTE

Maintenant que les tableaux du père de Blanche se vendent très cher, est-ce que Blanche devient riche ?

CLAIRE

Pas du tout. Ce serait logique, pourtant. Mais la logique et les affaires, ça fait deux !

GILBERTE

Alors, quand elle se mariera, Blanche n'aura rien autre chose que la dot...

CLAIRE

Que lui a assurée ton père ? Pas un sou de plus ! Pourquoi demandes-tu ça ? Regretterais-tu cette libéralité ?

GILBERTE

Ah! grand Dieu, non! Mon père a eu mille fois raison de la faire. Mais c'était généreux de sa part, car il n'avait aucune sympathie pour Blanche.

CLAIRE

C'est vrai. (Un silence. Montrant son travail à Gilberte). Les fuseaux vont toujours par deux pour toutes les espèces de point... Il y a le point d'esprit... il y a le point de toile... Il y a les araignées... Tiens, c'est ça qu'on appelle les araignées... (Elle les lui montre. En ce moment, je fais du point de grille... Alors, on compte : un, deux, trois, puis on tord les fils autour de l'épingle pour arrêter... Tu y es?

GILBERTE

Oh! très bien... Sais-tu pourquoi papa n'aimait pas Blanche?

CLAIRE, étourdiment.

Il était, comme on dit, jaloux du passé.

GILBERTE

Je ne comprends pas.

CLAIRE, vivement.

Tu n'as pas besoin de comprendre.

GILBERTE

Oh! explique-moi, tante Claire... un peu... un tout petit peu...

CLAIRE

Ah! mais non!

GILBERTE

Alors, si tu voulais me faire un plaisir, oh! mais tu sais, un gros plaisir, tu me raconterais... l'histoire...

CLAIRE

Quelle histoire?

GILBERTE

Tu sais bien... celle que tu m'as promise ce matin... l'histoire de la déception, du chagrin que...

CLAIRE

Ah! oui... Quel intérêt peux-tu prendre à des choses qui se sont passées quand tu n'étais pas au monde?

GILBERTE

On m'a bien raconté le déluge! Ça m'a amusée.

CLAIRE

Sans doute, mais...

GILBERTE

Je t'en prie, tante Claire... tu serais si gentille... J'apprendrais à faire de la dentelle!...

CLAIRE, riant.

Si tu me prends par mon faible !... Attends que je compte... tu m'embrouilles... un, deux. trois... et que je place mon épingle... Tu as bien vu ?

GILBERTE, s'asseyant tout près d'elle.

Oui..., oui...

CLAIRE

Il était une fois une jeune fille... charmante... aussi belle que... (Elle cherche une comparaison).

GILBERTE

Que maman!

CLAIRE, riant.

Juste !... Elle avait une sœur aînée, moins jolie, sans doute, plus effacée, quoique encore très bien, je te le garantis! Il n'y paraît guère aujourd'hui, mais dans ce temps-là !...

GILBERTE

Et elle était si bonne, la grande sœur!

CLAIRE

Mon Dieu, elle avait ses jours, comme tout le monde, mais il faut lui rendre cette justice qu'elle n'eut jamais un liard de méchanceté, ni une ombre de jalousie! Et pourtant les épouseurs ne voyaient que la cadette !

Aucune amertume ne lui vint d'être dédaignée... Au bal, pendant que les autres dansaient, elle restait sur sa chaise. Eh bien, elle s'amusait fort à regarder danser les autres !...

GILBERTE

J'envie sa sagesse !

CLAIRE

La sagesse, mon enfant, c'est comme la salade : ça se cultive... Or, un jour, notre jeune fille — la plus belle — se trouva bien embarrassée... Elle avait fait la connaissance, dans une soirée, d'un jeune peintre fort gentil... oh ! mais, tu sais, très gentil... un garçon doux, timide, rêveur... enfin, charmant ! Et justement, à la même époque, il se trouva qu'un ami de la famille y introduisit un autre jeune homme, fort bien aussi, celui-là... très intelligent, très énergique... c'était un explorateur qui avait fait déjà plusieurs voyages périlleux... Tu vois ça d'ici ?

GILBERTE

Oui... oui... Après ? Après ?

CLAIRE

Voilà-t-il pas que nos deux jeunes gens, qui ne s'étaient jamais vus, s'enflamment, pour ainsi dire, ensemble, si bien qu'il tombe à la maison, presque le même jour, deux demandes en mariage !

GILBERTE

Deux demandes?

CLAIRE, *gaiement.*

Deux! pour la même! Ce n'était pas de chance de pour l'autre!...

GILBERTE

J'ignorais cette circonstance... Et alors?

CLAIRE

Tu devines l'émotion et les discussions qui suivirent. Ah! les langues marchèrent! Les prétendants étaient tous deux fort distingués. Auquel donner la préférence? Ils se valaient chacun dans son genre... La jeune fille, hésitante, pesa, au moyen de je ne sais quelle balance subtile, les mérites particuliers de ses adorateurs, les chances de bonheur offertes par l'un et par l'autre, et la balance pencha, grâce aux conseils des parents qui s'effrayaient des goûts aventureux du voyageur, du côté de l'artiste...

GILBERTE, *d'une voix sourde.*

Je sens tout ce que mon père dut souffrir de cette humiliation!...

CLAIRE

Il n'y avait pas d'humiliation, mais le coup fut terrible, car il aimait d'une passion folle qui ne s'est éteinte qu'avec sa vie.

GILBERTE

Oui... oui... je sais... Et que fit-il alors?

CLAIRE

Il manqua totalement de raison. Son chagrin lui inspira, contre son rival, un tel ressentiment, que, sous un prétexte futile, il l'insulta et le provoqua!

GILBERTE

Je comprends ça, moi!

CLAIRE

Tu comprends ça? Moi pas! J'admets qu'on aime, j'admets qu'on haïsse, j'admets, à la rigueur, qu'on se dise des mots violents, mais que, par raison de haine, de jalousie ou d'amour, on en arrive à vouloir se massacrer? Ça, non, je ne puis l'admettre! C'est une insulte au bon sens!

GILBERTE

Ça dépend des natures...

CLAIRE

Le bon sens, c'est le bon sens pour tout le monde! Pourquoi se massacrer, grand Dieu! puisque chacun doit s'en aller à son heure?... Heureusement, ta mère put se jeter à temps entre les deux hommes, et après une scène insensée, dont elle resta ébranlée longtemps, le provocateur fit des excuses, et s'embarqua pour les colonies, où, pour se consoler de sa déception, il eut la bonne idée de faire fortune!

GILBERTE

Cette histoire m'a remuée comme si elle était d'hier, comme si je l'avais vécue moi-même... comme si je la vivais encore!

CLAIRE, souriant à sa pensée.

La vie est vraiment bizarre! Dire que tout cela est arrivé, et aurait pu ne pas arriver! Il s'en est fallu de l'épaisseur d'un cheveu que l'explorateur fût choisi tout d'abord et alors Blanche n'existerait pas! Il n'y aurait pas de Blanche. Pas plus de Blanche que sur la main! Si, par contre, son père avait vécu, comme il devait vivre, en somme, ou bien si Darcy n'était pas revenu des colonies, nous n'aurions pas de Gilberte! Pas l'ombre d'une Gilberte! On existe. Il nous semble que c'est fort important, et même nécessaire, et que le monde ne pourrait se passer de nous! Eh bien, pas du tout! On est le résultat d'un enchaînement de circonstances qui avaient mille chances de ne pas se produire. Et alors où serait-on? C'est troublant... et comique!...

GILBERTE, toute à son idée.

Ainsi, nos pères se haïssaient, ils ont voulu se battre!... Le malheur de l'un a fait le bonheur de l'autre!... C'est peut-être pour cela que nous ne pouvons nous aimer de tout cœur, Blanche et moi...

CLAIRE, regardant Gilberte.

Oh! oh! je crois que j'ai eu tort de te raconter mon histoire. Ce n'est pas raisonnable pour un sou, ce que tu dis.

GILBERTE

On trouve dans son héritage des sympathies et des aversions qu'il faut bien accepter!

CLAIRE

Veux-tu te taire, petite Corse! Au lieu de te tourmenter et de tourmenter ta mère, songe au mariage. Il y a un charmant garçon qui t'attend en Bourgogne. Le cousin Darcy ne te plaît donc pas ?

GILBERTE

Pour se marier, il faut avoir, sinon le cœur joyeux, au moins le cœur tranquille. Je ne puis pas quitter cette maison. Il me semble qu'un devoir m'y retient.

CLAIRE

Quel devoir ?

GILBERTE

Je ne sais pas...

SCÈNE III

LES MÊMES, LAURE

LAURE

Pourquoi n'es-tu pas sortie, Gilberte ?

GILBERTE

Tu m'avais promis que nous sortirions ensemble.

LAURE

Remettons cela à demain — je suis très lasse... Mais il ne faut pas que cela te prive de ta promenade.

GILBERTE, *avec défiance.*

J'aime mieux rester ici.

LAURE

Il faut prendre l'air. Le médecin l'a bien recommandé.

GILBERTE

Pour me bien porter, ce n'est pas de l'air qu'il me faut : c'est d'être avec toi.

LAURE

Allons, sois raisonnable. Le coupé est attelé. Ta tante pourra t'accompagner.

CLAIRE

Je ne m'en soucie guère, par un froid pareil !

LAURE

Eh bien, sors avec la femme de chambre. Va faire un grand tour de bois. Et si tu veux, en revenant, rendre visite à ton amie Geneviève, je le permets.

GILBERTE, bas.

On veut m'éloigner.

LAURE

Ça ne t'est pas agréable d'aller voir ton amie ?

GILBERTE, avec une gaîté feinte.

Ah ! si ! très agréable ! Au revoir, maman...

LAURE

Il est inutile que tu rentres avant six heures.

GILBERTE, s'en allant. — à part.

Pourquoi veut-on m'éloigner ?

(Elle sort.)

SCÈNE IV

CLAIRE, LAURE

LAURE, suivant des yeux Gilberte.

Gilberte est encore singulière... De quoi parliez-vous donc ?...

CLAIRE

De quoi veux-tu qu'on parle, avec cette âme en peine? Nous parlions de son père, parbleu!

LAURE

Je m'en doutais! Je t'avais prié d'éviter ces conversations.

CLAIRE

J'en aimerais mieux d'autres.

LAURE

Elle s'exalte bien assez toute seule — sans qu'on l'y aide.

CLAIRE, entre deux tons.

Elle est de la famille. *(Un silence.)*

LAURE, cherchant dans le meuble à secret.

Il est curieux que je ne puisse remettre la main sur ces lettres. J'ai tout bouleversé chez moi. Rien...

CLAIRE

De quelles lettres parles-tu?

LAURE

Des lettres de Récourt.

CLAIRE

Oh! oh! Elles ne sont pas d'hier

LAURE

Ce serait un gros chagrin pour moi de les avoir perdues.

CLAIRE

Où les avais-tu mises ?

LAURE

Dans le tiroir secret de ce meuble. Tu n'y as jamais cherché ?

CLAIRE

Oh ! jamais ! La curiosité est mon moindre défaut. Et pourquoi les avais-tu placées dans cette cachette mystérieuse ?

LAURE

Parce que, au moment de me remarier, je n'ai pas eu le cœur de détruire cette correspondance, souvenir sacré de ma première union. D'un autre côté, je ne voulais pas qu'elle tombât sous les yeux de Darcy qui fut toujours très inquiet de mes sentiments à son égard... Alors, que faire de ces lettres ? Il m'a semblé qu'elles seraient plus en sûreté que partout ailleurs, dans ce meuble qui m'a toujours appartenu et qui contient un tiroir fort bien dissimulé et connu de moi seule... Aussi ma surprise a-t-elle été très grande, ce matin, quand j'ai constaté la disparition de mes lettres. Qu'ont-elles bien pu devenir ?

CLAIRE

Bon, tu les retrouveras... *Un temps.* Et Blanche? Lui as-tu fait la fameuse proposition? Est-elle ravie?

LAURE, *la regardant.*

Ah! oui, c'est vrai, je ne t'ai pas dit... Sais-tu ce que Blanche m'a répondu?

CLAIRE, *souriant.*

Parbleu!

LAURE

Elle m'a répondu qu'elle voulait retourner au couvent!

CLAIRE, *bondissant.*

Allons donc! En voilà une bêtise! Quand on lui offre un bon mariage! Ce n'est pas possible! On ne rentre pas au couvent!

LAURE

J'espère encore qu'elle ne me fera pas ce chagrin. Heureusement, j'ai retrouvé le livre de son père, ce testament où il avait mis toute son âme si tendre et si enthousiaste! Elle le lit en ce moment, et, sans doute, elle trouvera dans cette lecture, une émotion salutaire.

CLAIRE

Elle n'entrera pas au couvent, c'est moi qui te le dis!

LAURE

Si cela devait se faire, je ne sais ce que je deviendrais, car je pourrais dire : C'est ma faute, c'est ma faute, c'est ma très grande faute !

CLAIRE

Comment cela, ta faute ? D'avoir une enfant folle ?

LAURE, *agacée.*

Vraiment, ma pauvre Claire, on ne peut échanger une idée avec toi. Tu ne comprends rien à la situation, ni à mes sentiments !

CLAIRE

Je n'y comprends *rien* ? Et pourquoi donc, s'il te plaît ? Oh ! je sais ce que tu vas dire : je n'ai pas été mariée, je n'ai pas aimé, ni inspiré de passion, et je n'ai pas eu d'enfants ! Voilà de belles raisons ! Et d'abord, je vais t'apprendre une chose... dont je ne t'ai pas encore parlé... parce que... parce qu'elle est si drôle ! J'ai été adorée ! oui, ma chère, adorée ! malheureusement par un homme très... timide, qui n'osa me l'avouer que vingt ans trop tard... à titre historique ! (*Elle rit.*) Crois-tu qu'il a été sot ! Ne t'imagine pas, en outre, que mon cœur ait toujours été un morceau de bois mort. J'ai rêvé mon roman, comme les camarades ! Quant aux enfants, voyons, regarde-moi et dis la vérité : est-ce que je n'ai pas eu les tiens ?

LAURE

C'est autre chose de vivre pour son compte, ou d'assister à la vie comme à un spectacle. Tu n'as jamais eu de vraie joie... ni de profond chagrin... Aussi le passé existe-t-il à peine pour toi : c'est comme une histoire qu'on t'a racontée. J'envie ton existence paisible qui t'a laissé une âme d'enfant!

CLAIRE

Il en va toujours de même. Celle qui fut comblée envie celle qui n'a pas eu sa part !

LAURE

Tu me dis souvent: « Laisse donc tes souvenirs tranquilles!» Est-ce que je peux, moi? Mes souvenirs sont vivants. Ce n'est pas moi qui vais les chercher, c'est eux qui viennent me saisir! Le passé est plus réel pour moi, plus actuel que jamais. Il se dresse à chaque instant devant moi comme une hallucination, car il est plein de ces émotions qui ne s'oublient pas, ou qui s'oublient en apparence, jusqu'au jour où elles vous étreignent à nouveau! Si tu savais quelle heure fiévreuse je viens de passer ! Mon existence tout entière s'est déroulée devant mes yeux... Que dis-je ? mes deux existences! Car j'ai vécu deux fois, moi !

CLAIRE

Et tu te plains !

LAURE

Dans le cours de la vie, on suit une pente insensible: les paysages se déroulent lentement, les circonstances succèdent aux circonstances sans qu'on y prenne garde et tout semble naturel. Mais dans le souvenir, le temps disparaît, les choses se rapprochent, les faits se confrontent, les contradictions éclatent! Et c'est avec un trouble profond que je me suis rappelé les deux femmes si différentes que j'ai été!...

CLAIRE

Alors, tu vas te reprocher maintenant ton second mariage? Il faut que j'aie la tête solide pour résister à de pareilles billevesées!... Mais rien n'était plus évident, mon amie, que ton devoir de te remarier, dans l'intérêt même de Blanche. Qu'aurais-tu fait de ta fille, sans ressources comme nous étions? Comment l'aurais-tu élevée? Récourt lui-même, s'il l'avait pu, t'aurait conseillé cet acte de sagesse... en faisant la grimace, peut-être, mais il l'aurait conseillé!... Quant à Darcy, tu ne pouvais pas le refuser une seconde fois! Comment, voilà un malheureux qui s'était expatrié par chagrin d'amour, qui revient plusieurs années après et qui, te trouvant libre, met à tes pieds son cœur fidèle et ses millions, et tu aurais mal reçu le pauvre homme? tu l'aurais renvoyé à ses comptoirs? Ce n'était pas possible!

LAURE, *profondément.*

Ce que je me reproche surtout, ce n'est pas d'avoir été mariée deux fois, — mais d'avoir aimé deux fois!

CLAIRE

Pour le coup, tu as raison : je n'y comprends plus rien !

LAURE

Que je me sois laissée émouvoir par l'amour de Darcy, que je me sois effrayée pour Blanche, — et pour elle seule, — d'un avenir de détresse, ma vraie faute n'est pas là, car mon consentement était un véritable sacrifice personnel... Mais alors j'aurais dû avoir un peu plus de fidélité envers le disparu que j'avais tant pleuré ! Je n'aurais pas dû être si oublieuse et si ingrate ! Et puisque la nécessité m'imposait un nouveau mari, j'aurais pu être envers lui loyale, reconnaissante et affectueuse, sans trahir, au fond du cœur, la mémoire sacrée du premier !

CLAIRE

Dès que tu étais de bonne foi...

LAURE

Hélas, oui ! j'étais de bonne foi ! La trace de mes larmes n'était pas encore effacée, et déjà je souriais au nouveau bonheur qui s'offrait ! Mon âme encore pleine de deuil et d'angoisse se laissait entraîner sans résistance dans une nouvelle passion ! Et j'en arrivai bientôt à maudire mon premier amour, à le renier, à jurer sincèrement qu'il n'avait été qu'une illusion ! Ah ! misérable faiblesse de femme ! Je n'ai jamais existé par moi-même, voilà ce que cela prouve! Je n'ai jamais été que le reflet de l'homme auquel j'appartenais!

CLAIRE

Mais quel rapport y a-t-il?...

LAURE

N'est-ce pas mon double amour qui est la cause de mon anxiété d'aujourd'hui? Ne vois-tu pas que mes filles sont profondément intéressées au débat qui m'agite? La rivalité des hommes que j'ai aimés se prolonge en elles, et s'aggrave, car elle est devenue de l'irréparable. Chaque enfant me rappelle son père, et me réclame en son nom. Toutes deux me sont chères, sans doute, mais j'ai beau faire, mon affection maternelle suit les variations de mes sentiments. C'est triste, mais c'est ainsi... Et l'instinct de Gilberte ne s'y trompe pas. Elle sent que je me rattache peu à peu, par entraînement vers Blanche, à des souvenirs qu'elle hait et qu'elle a raison de haïr! Elle sent que je m'éloigne de ce qu'elle a de plus cher au monde... la mémoire de son père et qu'en même temps je m'éloigne d'elle! Quant à Blanche, pourquoi veut-elle retourner au couvent? Aurais-je jamais dû l'y mettre? Va, si j'avais été plus fidèle envers Récourt, sa fille aurait toujours gardé dans mon affection la place à laquelle elle avait droit, et je n'aurais confié à personne la tâche d'éducation qui m'incombait! Mais j'étais emportée dans un tourbillon de folie! Je sentais, quand mes pensées allaient vers

Blanche, que Darcy en souffrait et je ne voulais pas qu'il souffrît ! Et pour qu'il crût à mon amour — dont il a toujours douté, d'ailleurs, — je me suis séparée de l'enfant ! C'était lâche ! Et voilà comment le vœu suprême de Récourt ne fut pas respecté... et comment j'ai laissé se fausser une âme dont j'avais la garde et la responsabilité !

CLAIRE

Allons ! allons ! du calme ! Rien n'est encore perdu. — D'ailleurs, voici Blanche !

Blanche entre, transfigurée par l'émotion de sa lecture.

SCÈNE V

Les mêmes, BLANCHE

LAURE, *avec anxiété.*

Blanche !

BLANCHE, *se jetant dans les bras de sa mère.*

Maman !

LAURE, *la regardant dans les yeux.*

Tu as lu ?

BLANCHE

Oui.

LAURE

Eh bien?... Que penses-tu?

BLANCHE

Je ne sais plus ce que je pense.

CLAIRE, gaiement.

A la bonne heure! C'est un bon signe quand les jeunes filles ne savent plus ce qu'elles pensent!

LAURE

Alors... tes idées de ce matin?

BLANCHE

Je crois qu'elles ont changé.

LAURE, joyeuse.

Vraiment?

BLANCHE

Je ne vois plus la vie sous le même aspect.

CLAIRE, à Laure.

Quand je te le disais! Est-ce que ça se refuse, le mariage?

LAURE

J'avais besoin d'un peu d'espoir!

CLAIRE

Maintenant, mes enfants, j'ai une idée... La famille Monnier m'attend depuis plusieurs jours et doit fort s'étonner de mon silence... Si j'allais leur faire une petite visite?

BLANCHE, vivement.

Oh! pas encore, tante Claire!

CLAIRE

Voilà un « pas encore » qui me fait plaisir! J'entends, une simple visite de politesse où, sans dire ceci, ni cela, je laisserais seulement tomber quelques mots encourageants. J'irais les remercier de leurs bonbons.

LAURE

En effet...

CLAIRE

D'ailleurs, le pauvre jeune homme doit avoir perdu le boire et le manger, et c'est une question d'humanité.

BLANCHE, souriant.

Alors, si c'est une question d'humanité!...

CLAIRE

Je vais mettre une robe de soie, car ce sont des gens très cérémonieux. Pendant ce temps, on attellera le coupé.

LAURE

Gilberte est sortie avec le coupé et ne rentrera qu'à six heures.

CLAIRE

Eh bien, je prendrai un vulgaire fiacre... Je vous

reverrai avant de partir. J'étais fatiguée tout à l'heure, j'avais peur du froid, mais d'aller faire plaisir à ces braves gens, ça me ragaillardit ! (Elle sort.)

SCÈNE VI

LAURE, BLANCHE, puis GILBERTE.

LAURE

Alors, c'est bien vrai, ma chère petite Blanche, tu renonces au projet qui me faisait tant de peine ?

BLANCHE

Oui, maman, j'y renonce !

LAURE

Quel bonheur !

BLANCHE

Cette lecture, comme tu l'espérais, m'a révélée à moi-même. Pour bien me connaître, il me manquait de connaître mon père. Car je ne le connaissais pas, je ne l'aimais pas vraiment. Tu m'en avais souvent parlé, mais je me faisais quand même de lui une image si incomplète, si indécise !...

LAURE

Et aujourd'hui ?

BLANCHE

Aujourd'hui, en lisant ces pages jaunies par le temps, et si pleines de jeunesse, si chaudes, si vivantes encore, il me semblait qu'il était là, près de moi... Je sentais son souffle sur mon front... Et quand ma lecture fut achevée, j'avais une grande joie, comme si je venais de le retrouver, et une grande douleur comme si je venais de le perdre!...

LAURE

Chère petite!

BLANCHE

Et je le connais maintenant, et je l'aime comme si j'avais vécu de longues années avec lui... Son beau portrait qui est dans ma chambre et dont je n'avais pas saisi la vraie physionomie, s'éclaire, s'anime, me parle... Je comprends la tendresse infinie de son regard!

LAURE

Jamais il n'y eut d'âme plus tendre!

BLANCHE

Ni d'esprit plus fier, ni de cœur plus vaste, ni de conscience plus haute! Avec quelle fierté je constatais cela! Et avec quelle surprise une foule d'idées, de sentiments qui étaient en moi, mais timides, étriqués, — frileux, si l'on peut dire, — je les retrouvais là grands, forts, généreux!... Cela est étrange : tous les mots de ce livre ont dans mon âme des échos profonds... Ils m'émeuvent d'une façon singulière... Ils m'emplissent de courage et de confiance!...

LAURE, avec enthousiasme.

A la bonne heure! Voilà des paroles qu'on aime entendre! Ce matin, ce n'était pas toi qui parlais. Si ton père était là, il serait fier de toi, il te reconnaîtrait pour sa fille!

BLANCHE

Je veux être digne de lui, penser comme lui, vivre comme lui! Le monde, dont il se faisait une idée... religieuse, n'a rien de commun avec le monde frivole et inconstant que je voulais fuir! Je n'oublierai jamais ses paroles sur l'unité de la vie... Laisse-moi relire ce passage... (Gilberte paraît à la porte du salon de droite).

GILBERTE, à part.

Elles sont là... Je m'en doutais... On se cache de moi! Si j'écoutais?... Oh! non, ce serait mal!... Ah! tant pis, je veux savoir! C'est mon droit! (Elle se cache derrière une tapisserie).

BLANCHE, ayant trouvé la page.

C'est ici! Elle lit : « Songe à ceci, mon enfant, que les « plus belles existences sont les existences droites et « simples. Toujours il faut aller de l'avant, d'un pas « joyeux et ferme, mais toujours sur la même route et « toujours vers le même idéal. Quand tu auras sérieu-

« sement orienté ton âme vers une foi et ton cœur vers « un amour, que ce soit à jamais! Avant tout, sois « fidèle! » Oui, c'est bien là mon aspiration la plus forte! Être fidèle... fidèle aux autres... fidèle à moi-même. N'est-ce pas, maman, il n'y a rien de plus beau que la fidélité?...

LAURE, troublée.

Non, non, il n'y a rien de plus beau...

BLANCHE

Et comme elles sont jolies et délicates, les pages où il parle de toi, de l'impérissable affection qui vous unissait! Comme il t'aimait, maman, et comme tu l'aimais!...

LAURE

Oui, de toute mon âme!

BLANCHE

Aussi, quittait-il la vie avec confiance. Il savait que les années passeraient sur ton cœur sans y détruire son image. (Laure se détourne). J'ai compris la beauté, la grandeur de pareils sentiments — des sentiments éternels! — et qu'on pouvait fièrement s'y abandonner! Et je connus ainsi le secret de mon propre cœur...

LAURE

Tu aimes?

BLANCHE

Oui, maman. Il y a longtemps. Mais je ne voulais pas le croire. Je m'en défendais comme d'une faute. (*Avec une naïveté enjouée.*) Et je savais aussi que j'étais aimée, que ce pauvre garçon aurait un gros chagrin de mon refus .. et je chassais ces pensées .. Je n'étais pas très bonne !

LAURE, *la contemplant.*

C'est extraordinaire comme tu ressembles à ton père... Tu as la même expression de la bouche, le même regard si doux, si pénétrant. Tu as les mêmes enthousiasmes, la même gravité, les mêmes enjouements... Vous êtes la même personne! (*Elle lui saisit la tête entre les mains et l'embrasse avec passion. Gilberte s'avance vers elles, ne pouvant plus se contenir*).

BLANCHE

Jamais je n'eus un tel épanouissement en moi !...

LAURE

Jamais, ton père et toi, vous n'avez été plus près de mon cœur !

BLANCHE

Jamais je n'ai tant espéré de la vie !

LAURE

Je suis heureuse ! Merci, ma chère petite Blanche. De

quelle lourde pensée tu me délivres ! Si tu étais entrée au couvent, il ne me restait plus qu'à pleurer, à me désespérer jusqu'à la fin de mes jours...

BLANCHE

Maman...

LAURE

Car je t'aime au-dessus de tout, mon enfant... Tu es le souvenir vivant du temps le plus heureux de ma vie...

BLANCHE

Le plus heureux, n'est-ce pas ?

LAURE

Oh ! oui, le plus heureux !... Et aussi le plus douloureux !... Car elles ont été bien courtes, mes années de joie ! Ah ! pourquoi la fatalité s'est-elle abattue sur nous ?...

BLANCHE

Hélas !

LAURE

Pourquoi ton père a-t-il disparu si vite ? Pourquoi n'est-il pas encore entre nous deux ?

BLANCHE

Jamais tu ne m'as parlé ainsi !

LAURE

Peut-être m'en as-tu voulu quelquefois d'avoir quitté

le deuil de ton père. Ah! ne m'accuse pas, ne me juge pas mal. S'il n'avait tenu qu'à moi, jamais, je te le jure, l'idée ne me serait venue de me remarier! Mon plus cher désir aurait été de me consacrer à ma petite Blanche, à elle seule!... Mais ta frêle nature n'aurait pas supporté la misère... et c'est par tendresse pour toi, et pour cela seulement que je me suis résignée à cette nouvelle existence qui n'a été pour moi qu'un semblant de bonheur!

GILBERTE, *d'un cri profond.*

Maman!

LAURE, *s'écartant vivement de Blanche.*

Gilberte?... Tu étais là?...

GILBERTE

Oui, j'étais là!

LAURE

Tu nous écoutais?

GILBERTE

Oui.

LAURE

Tu as commis une vilaine action... C'est très mal de se cacher et de surprendre...

GILBERTE

Tu te cachais bien de moi!... J'ai senti tout à l'heure que tu voulais m'éloigner. Aussi, ai-je fait semblant de sortir. Il y a assez longtemps que je brûle d'entendre une de ces conversations mystérieuses! Oh! j'étais bien sûre d'en souffrir, mais je ne m'attendais pas, pourtant, à entendre de pareilles choses!

LAURE, dans un grand trouble.

Les mots qu'on dit n'ont leur vraie valeur que pour les personnes à qui on les adresse. On interprète toujours mal ce qu'on n'aurait pas dû entendre. Ainsi, tu es punie par où tu as péché...

BLANCHE, venant à Gilberte.

Ma chère Gilberte...

GILBERTE, violente.

Je ne te demande rien, à toi!

BLANCHE

Ne m'envie pas mon bonheur : je n'ai jamais envié le tien.

GILBERTE

Il ne s'agit pas de moi! Il s'agit de mon père!

BLANCHE

N'avons-nous pas le droit, ma mère et moi, de parler des souvenirs qui doivent nous être chers et sacrés? Pourquoi t'ombrages-tu de sentiments que nous serions coupables de ne pas avoir? Je ne m'offense pas du culte que tu rends à la mémoire de ton père, et je ne suis pas jalouse quand vous le pleurez ensemble !

GILBERTE

Nous ne le pleurons jamais ! Nous n'en parlons même plus !...

LAURE

Tu es injuste. Tu ne dis pas la vérité. Ce matin encore, ici même...

GILBERTE

Oui, tu m'as dit de bonnes paroles pour me contenter — mais je sais maintenant ce qu'il faut croire !

LAURE, *froissée.*

Gilberte, en vérité...

GILBERTE

Je t'offense, sans doute, et tu ne me pardonneras pas de te parler ainsi ! Mais supporter cela est au-dessus de mes forces ! Mon pauvre père ! L'oubli que tu craignais te menace déjà ! Toi qui as tant souffert et tant aimé, te voilà devenu un souvenir importun ! On voudrait effacer ta mémoire ! On ne te trouve pas assez mort ! Ah ! tu avais raison de douter toujours, d'avoir peur de l'avenir ! Tu as eu raison de me faire brûler ces lettres qui t'ont arraché tant de larmes ! Que ne m'as-tu, en même temps, laissé brûler ce livre maudit !

LAURE, effarée.

Tu perds la tête? De quelles lettres parles-tu? De quel livre?

GILBERTE, après un temps, se reprenant.

Mon père m'avait fait jurer de ne jamais révéler cela, et j'ai tenu jusqu'ici mon serment de petite fille... le secret m'a échappé... tant pis! Je vais vous dire ce que vous ne savez pas!

LAURE, avec angoisse.

Parle!

GILBERTE

Mon père avait trouvé, dans un tiroir de ce meuble, un paquet de lettres et l'album que voici. Ce qu'ils contenaient et ce qu'ils signifiaient, j'étais bien loin de m'en douter!... Un jour, tu avais été voir Blanche au couvent et je me croyais seule à la maison. Aussi, fus-je très surprise, en venant dans ce salon, d'y trouver mon père. Il était là, dans ce fauteuil, des lettres étaient éparses sur cette table, et il lisait ce livre avec une attention passionnée... Au bruit que fit la porte, il se tourna vers moi... Ah! quel coup je reçus!... Il pleurait! Pour la première fois, je voyais ses larmes! Je n'oublierai jamais sa pauvre figure de souffrance... Il me fit promettre de ne rien dire à personne. Je promis et ne dis rien... Mais depuis ce jour, je remarquai un changement profond dans sa physionomie et dans son caractère. Il devint plus sombre.

plus irritable, plus nerveux. Sa maladie de cœur fit des progrès terribles, et je devinai que la lecture de ce livre et de ces lettres était la cause de sa douleur et que sa douleur le tuait! Je ne me trompais pas! La veille de sa mort, si tu t'en souviens, il demanda à se trouver seul avec moi. Il ne quittait plus son lit, et son projet, il était incapable de l'exécuter lui-même. Il me donna les lettres qu'il avait cachées sous son oreiller et me commanda de les jeter au feu!

LAURE, désespérée.

Tu le fis?

GILBERTE

Aussitôt!

LAURE

Mes lettres sont brûlées?

GILBERTE

Oui.

BLANCHE, s'avançant.

De quel droit ton père a-t-il commis ce sacrilège?

GILBERTE

De quel droit? Il était le maître! Tout lui appartenait ici!

LAURE

Mes lettres sont brûlées! J'aurais mieux aimé ne jamais le savoir!

GILBERTE

Tu le sais! Quant à ce livre, il me dit d'abord de le détruire aussi, puis il se ravisa. Au moment où j'allais le jeter au milieu des lettres qui flambaient, il s'écria : « Non! je ne puis faire cela! C'est l'héritage de Blanche! » Et sur son ordre, je le rapportai dans ce meuble. (Voyant sa mère fondre en larmes). Maman... Que veulent dire tes larmes?... Pour qui sont-elles et contre qui? Réponds, oh! réponds! je t'en supplie! Plains-tu papa de ce qu'il a souffert, ou le maudis-tu de ce qu'il a fait?

BLANCHE

Après l'émotion que tu viens d'infliger à maman, il serait peut-être bon, Gilberte...

GILBERTE, se retournant vers Blanche, avec passion.

Laisse-moi tranquille, toi! Je ne te demande pas de conseil! Je ne te parle pas! Tu triomphes aujourd'hui, tu es fière parce qu'on parle de ton père dans les journaux, parce qu'on exalte sa mémoire, parce qu'on est injuste envers le mien?... Mais ne t'y fie pas! Quoi qu'on t'ait dit et que tu puisses croire, il n'en fut pas toujours ainsi... nous avons connu de meilleurs jours! Si tu avais pu sortir du couvent autrefois, survenir à l'improviste dans ce même salon, et entendre ce qu'on disait...

LAURE

Gilberte, je te défends de continuer.

GILBERTE

N'ai-je pas le droit d'évoquer mes souvenirs, comme vous les vôtres? Autrefois, j'ai senti bien des choses. On ne se méfie pas d'un enfant, et en effet, il ne comprend rien à ce qu'il voit, à ce qu'il entend... Mais des images, des mots se gravent dans sa petite mémoire et lui reviennent plus tard, quand il est capable de les juger.

LAURE

Gilberte, si tu dis un mot de plus...

GILBERTE

Eh bien, dans ce temps-là, c'était moi qui avais les douces paroles... les tendresses !... C'était moi la grande aimée, la seule aimée !...

(Blanche tombe assise, fondant en larmes.)

LAURE

La colère t'égare et te fait mentir !

GILBERTE

Regarde Blanche ! Elle sent que j'ai dit la vérité... Quant à ton père, on n'en parlait pas comme aujourd'hui, je te le jure ! C'était le mien, le mien seul qu'on admirait et qu'on aimait !

LAURE

Je ne te savais pas si méchante !

GILBERTE

J'use de mes armes !

LAURE

Contre toi-même !

GILBERTE

Tant pis pour moi ! mais il faut bien que je prenne la défense de celui qui n'est plus ! Il a été infiniment bon, et son souvenir mérite d'être vénéré ! Tu ne sais pas, Blanche, jusqu'à quel point il a été généreux ? Tu ignores peut-être que nos pères se haïssaient ?...

LAURE

Non ! non ! pas cela, Gilberte !...

GILBERTE

Et qu'ils ont failli se battre en duel ? Eh bien, cela n'a pas empêché le mien de te prendre sous sa protection, et de te laisser une dot qui te permettra un beau mariage ! (Laure tombe sur le canapé, en proie au plus profond désespoir.)

BLANCHE, se levant et venant à sa mère.

C'est vrai, maman ? Ma dot vient du père de Gilberte ? Pourquoi ne me l'as-tu jamais dit ? (Un silence. Laure pleure.)

SCÈNE VII

Les mêmes, CLAIRE

CLAIRE, en robe de soie.

Me voici. Suis-je belle, ainsi ? Puis-je aller faire ma visite ? (Elle remarque l'émotion de toutes). Qu'est-ce qu'il y a? Encore des histoires ?

BLANCHE

Je te prie, tante Claire, de ne pas sortir avant que nous n'ayons causé ensemble.

(Elle sort par le fond.)

CLAIRE

Bien. (A Gilberte). Regarde-moi, toi... Tu en fais, une figure!...

GILBERTE

Je voudrais être morte!

(Elle sort par la gauche.)

CLAIRE

Très bien ! (A Laure). Que s'est-il donc passé?

LAURE, se levant et allant à Claire.

Tu sais, la scène terrible d'autrefois?... la provocation? Tu as cru que j'avais empêché le duel?... Eh bien, il n'était que retardé. Il vient d'avoir lieu... (devant moi... entre mes filles... qui, peut-être, se sont blessées à mort ! (Elle sort, affolée de douleur).

CLAIRE, stupéfaite.

Elles sont folles !... Ah ! je sais bien ce qui manque ici. Il manque un homme... qui parle raison... et remette les choses au point... Enfin, attendons... (Elle s'installe dans sa bergère).

RIDEAU

ACTE TROISIÈME

ACTE III

Quand le rideau se lève, la scène est dans l'obscurité. Tante Claire dort paisiblement dans sa bergère. Le feu est presque mort. La femme de chambre entre, allume les lampes, met une bûche dans la cheminée et ferme les rideaux.

SCÈNE PREMIÈRE

CLAIRE, BLANCHE, LA FEMME DE CHAMBRE

BLANCHE, entrant.

Mlle Claire est ici ?

LA FEMME DE CHAMBRE, à voix basse.

Oui, mademoiselle, Mlle Claire dort. (Elle sort).

BLANCHE, s'avançant vers tante Claire et la regardant.

Elle dort... Heureuse tante Claire!... Quand pourrai-je dormir ainsi?... Hélas! je ne connaîtrai plus le repos, maintenant que je comprends le passé ! (Dans un élan mystique). Oh ! mon Dieu! donnez-moi le pouvoir d'obéir à votre quatrième commandement... Que j'honore également les deux êtres chers qui m'ont appelée à la vie... Ne permettez pas que je juge ma mère... éloignez de mon esprit ces coupables pensées, ces objets d'angoisse... Faites que j'emporte d'elle, dans la sainte maison où vous m'appelez, une image vénérée... Et alors, je bénirai la douleur qu'il vous a plu de m'envoyer, car, ce matin, j'allais à vous, sans être digne de vous... Je vous remercierai, mon Dieu, de m'avoir fait entrevoir les félicités de la terre, afin que je puisse vous en faire un sacrifice méritoire... Je vous remercierai de m'avoir brisé le cœur que je vous apporte tout saignant... Et s'il doit y avoir le rachat d'une faute, faites, je vous en supplie, que ce soit moi la seule victime !...

CLAIRE, s'éveillant, sans s'apercevoir de la présence de Blanche.

Hé !... Il me semble que j'ai dormi !... Tiens ! les lampes sont allumées... Quelle heure est-il donc ?

BLANCHE

Cinq heures...

CLAIRE, se retournant, étonnée.

Tu étais là ?... Je ne t'avais pas entendue entrer... J'ai, ma foi, dormi une bonne heure. Ça m'a fait du bien... Mais, au fait, les idées me reviennent.. Tu m'as dit d'attendre, j'ai attendu. Il serait temps de partir pour ma visite.

BLANCHE

Je venais précisément te prier de ne pas la faire.

CLAIRE, avec humeur.

Tu me dis ça maintenant que j'ai mis ma robe ?

BLANCHE

Tu l'ôteras, tante Claire.

CLAIRE

Il faut savoir ce qu'on veut! On n'est pas une girouette!

BLANCHE

J'ai réfléchi. Je veux décidément rentrer au couvent.

CLAIRE

Allons bon! Ça te reprend?

BLANCHE

J'espère, ma bonne tante Claire, que tu voudras bien m'y accompagner... aujourd'hui même... Mon petit bagage est tout prêt... Mais auparavant, je te demanderai de me rendre le grand service...

CLAIRE

Allons, parle.

BLANCHE

De prévenir maman de ma résolution. Je n'ose le faire moi-même.

CLAIRE

Elle n'est pas solide, ta résolution. Qui a changé, changera.

BLANCHE, *avec fermeté.*

Je ne changerai plus.

CLAIRE

Le couvent! Cela me dépasse! Tu n'en as pas encore une indigestion, de ton couvent? Y a-t-il rien de plus ridicule que les vœux qu'on vous y fait prononcer, et le dédain pour les petites douceurs de la vie? Je n'aurais jamais pu vivre au couvent, moi, emmaillottée dans ces règlements si compliqués et si peu confortables! Et cependant, personne n'a tendu le dos de meilleure grâce que moi, à toutes les infortunes du sort... Si je n'avais pas de bois pour me chauffer, je gèlerais avec philosophie... Mais m'engager par avance, et pour toute la vie, à ne jamais avoir chaud? Ah! non!...

BLANCHE

Tu veux bien faire ma commission?

CLAIRE, se levant.

A l'instant.

BLANCHE, effrayée.

Avec précaution, tante Claire. Maman va avoir un gros chagrin.

CLAIRE

Pourquoi lui fais-tu ce chagrin?

BLANCHE

Il le faut!

CLAIRE

Il le faut! Il le faut!

BLANCHE

Mais promets-moi d'atténuer, dans la mesure du possible, le coup que tu vas lui porter.

CLAIRE

C'est entendu.

BLANCHE

Je vais achever mes préparatifs.

CLAIRE

Bien, bien... (Blanche sort.) A-t-on jamais vu des idées pareilles!...

Elle se dirige vers la porte. Au moment où elle va sortir, Laure entre.

SCÈNE II

CLAIRE, LAURE

CLAIRE

J'allais justement chez toi... pour t'apporter une nouvelle fantastique! Blanche ne s'est-elle pas mis en tête de...

LAURE, l'interrompant.

De rentrer au couvent?

CLAIRE

Oui

LAURE, douloureusement.

Je m'en doutais!

CLAIRE

Elle ne peut même pas attendre jusqu'à demain, et tient y retourner aujourd'hui même!...

LAURE

Aujourd'hui?

CLAIRE

Je suis chargée de t'en avertir, avec toutes les précautions possibles... (Laure tombe défaillante sur une chaise.) Eh bien, qu'est-ce que tu as? Tu te trouves mal? Voyons, ne te retourne pas ainsi... Ça n'est pas sérieux...

LAURE

Pas sérieux?

CLAIRE

Pas sérieux pour un sou! On n'entre pas au couvent! Ça ne se fait pas, ces choses-là! Ce beau projet lui est venu dans un moment de mauvaise humeur, et tu en auras facilement raison! Je ne t'ai pas attendue, d'ailleurs, pour la sermonner, et pour lui dire des choses... qui ont porté... tu peux être tranquille!

LAURE, revenant à elle.

Ah! mes épreuves ne sont pas finies!... Elles renaissent incessamment d'elles-mêmes! (Se levant.) C'est ta faute, ce qui arrive.

CLAIRE

Comment, c'est ma faute?

LAURE

Pourquoi as-tu raconté à Gilberte des histoires qu'elle n'avait pas besoin de connaître, et qui ont exaspéré sa jalousie?

CLAIRE

Elle est bien bonne! Je lui donne un verre d'eau pure, elle se grise avec, et c'est ma faute?... Bon, bon, ne te gêne pas!... Si ça peut te faire plaisir!

LAURE

Mes craintes de tantôt, tu les trouvais absurdes... Tu vois qu'elles étaient fondées... Je ne pensais même pas avoir raison si vite... Mais ce n'est pas l'instant de récriminer, ni de perdre courage... Je ne suis pas tout à fait vaincue. Ah! si mes pauvres lettres n'étaient pas brûlées! Blanche n'aurait pas résisté à l'incomparable tendresse dont elles étaient pleines... Son cœur en serait resté ému et tendre à jamais!

CLAIRE

Tu parles des lettres de Charles que tu cherchais dans ce meuble?

LAURE

Oui.

CLAIRE

Elles sont brûlées?

LAURE

Hélas, oui!

CLAIRE

Par qui, brûlées?

LAURE, avec rancune.

Par qui? Par Darcy! Gilberte nous a appris que son père avait découvert le tiroir secret de ce meuble, violé ma cachette aux chers souvenirs, et fait jeter au feu, par Gilberte elle-même, ces lettres qui m'auraient été aujourd'hui d'un si puissant secours!...

CLAIRE

Darcy a eu tort. Deux fois tort. D'abord, d'ouvrir un tiroir secret sans y être invité : ces imprudences sont toujours punies! Ensuite, de s'en prendre à d'innocents carrés de papier!... Ces maris sont insensés! Mais il faut songer qu'il t'aimait beaucoup... trop... qu'il a souffert...

LAURE, durement.

Moi aussi, j'ai souffert! Il m'aimait mal! Pas comme je devais être aimée! Combien de fois ai-je dû baisser les yeux devant son regard soupçonneux! Combien de fois m'a-t-il tourmentée de sa jalousie rétrospective! Combien de fois ai-je dû lui jurer que je n'avais jamais, jamais aimé que lui! Pour cet homme, l'amour n'était pas un sentiment de douceur, de bienveillance et de respect, c'était quelque chose d'impérieux, d'absolu, de brutal qui me violentait toujours !

CLAIRE, stupéfaite.

Tu te disais heureuse, pourtant...

LAURE

Je me croyais heureuse ! Je n'étais même pas libre !

CLAIRE

Ça fait plaisir de voir comme tu te connais !... Heureusement que tout ça se passe entre nous, entre femmes !... Si des hommes t'entendaient, ils nous en raconteraient sur la mobilité du cœur féminin !

LAURE

Il ne manquait plus que Gilberte héritât cette humeur sombre et tyrannique ! Elle a exactement avec moi les manières d'être de son père. Elle surveille, comme il faisait, mes moindres pas et démarches. Elle me regarde dans les yeux jusqu'à me gêner ! N'a-t-elle pas simulé une sortie pour me surprendre ? C'est trop fort ! Et, ce qui est plus fort encore, on dirait qu'elle ne peut, toujours comme son père, supporter la présence, dans la maison, de l'enfant qu'elle considère comme étranger !... Mais je vais lui parler ! Il faudra bien qu'elle se rétracte et qu'elle demande pardon à sa sœur. Veux-tu sonner, je te prie ?...

CLAIRE

Prends garde à ce que tu vas dire à cette petite effarouchée...

LAURE, changeant de ton.

Tu as raison. Il faut que je la rassure, que je la calme...

CLAIRE

Es-tu en état de le faire ?

LAURE, respirant.

Oui... (Claire sonne).

CLAIRE, à la femme de chambre.

Priez Mlle Gilberte de venir ici. (La femme de chambre sort). La moralité de l'histoire, c'est que tu as été trop modeste. Il ne fallait pas donner à tes deux maris des enfants qui leur ressemblent tant que ça !...

SCÈNE III

LAURE, CLAIRE, GILBERTE.

(Gilberte entre, toujours dans le même sentiment de révolte et de désespoir. Claire, pendant cette scène, s'occupe à tisonner le feu).

GILBERTE

Tu m'as demandée ?

LAURE

Oui. *(S'efforçant de parler avec calme.)* Écoute-moi, Gilberte. Tu as été bien méchante, tout à l'heure, et j'ai reçu de toi, qui prétends m'aimer, la plus cruelle blessure de ma vie...

GILBERTE

Si je ne t'avais pas aimée...

LAURE

Laisse-moi te dire ce que j'ai sur le cœur... J'ai appris à mes filles à chérir la mémoire de leur père... Je le devais et ne le regrette point. Mais je ne pouvais supposer que leur piété filiale deviendrait un pareil sujet de discordes, et que tu te plairais dans une exaltation de chagrin qui n'est pas, crois-moi, le vœu de ton père. S'il pouvait te parler, il te donnerait des conseils de paix, de douceur, et te commanderait de l'oublier un peu plutôt que de faire mon tourment et celui de Blanche! *(Gilberte reste immobile, les yeux à terre.)* Tu as tort de supposer, d'ailleurs, que mes sentiments ont varié sur l'heureux temps que tu regrettes...

GILBERTE

Oh! ne touche pas à cela, je t'en supplie!

LAURE

J'aurai toujours, sois-en sûre, pour celui que nous avons perdu, le souvenir le plus respectueux et le plus tendre...

GILBERTE

J'entends encore tes paroles!...

CLAIRE

Tête de fer!

LAURE, se contenant.

Mon enfant, tu sais bien par toi-même qu'on ne dit pas toujours ce qu'on voudrait dire... On est quelquefois entraînée au delà de sa pensée. J'avais mes raisons pour parler comme j'ai fait. Blanche était demandée en mariage; elle résistait, attirée par la religion. Il fallait donc la rattacher au monde, prendre de l'empire sur elle, enfin l'émouvoir, pour la décider... Dans ce but, je lui révélai les idées et les sentiments de son père, et j'en arrivai à ces paroles qui...

GILBERTE

J'ai encore dans l'oreille leur accent profond de vérité! Elles sortaient de ton cœur! Elles sont tombées sur le mien!...

LAURE, avec impatience.

Quand je te dis, Gilberte...

GILBERTE

Oh! ces paroles!... C'est comme si elles m'avaient enveloppée de glace et de mort! Je me suis sentie maudite! maudite par toi! par maman! Je voudrais ne pas être! Pourquoi suis-je née, dis, pourquoi? puisque je devais être de trop dans ta vie!

CLAIRE, essayant de la calmer.

La... la... la... la...

LAURE

Ce que tu dis n'a pas le sens commun! Crois-tu donc que je ne t'aime plus? Crois-tu donc qu'on puisse ne plus aimer son enfant?

GILBERTE

Je sais que tu nous as repoussés de ton cœur, mon père et moi!

LAURE, s'emportant malgré elle.

En voilà assez! cela dépasse la mesure! Quoi! je viens à toi, pleine d'indulgence, prête au pardon, supposant que, de ton côté, tu serais calmée et repentante... et, au lieu de cela, je te trouve plus dure, plus hostile que jamais? Tu te permets de douter de ma sincérité? Tu prétends examiner ce que je dis, contrôler mes pensées, et peser mes sentiments? C'est le monde renversé! Tu oublies à qui tu parles? Je suis ta mère.

CLAIRE, pour la rappeler à la modération.

Laure... Laure...

LAURE

Mais je m'emporte! Revenons au fait! Tu as gravement offensé Blanche, tu vas lui demander pardon...

GILBERTE

Oh! cela, jamais!

LAURE

Prends garde, Gilberte!

GILBERTE

A quoi? je t'ai perdue. Je n'ai plus d'intérêt dans la vie...

CLAIRE

Allons, ce sont des bêtises! Plus d'intérêt dans la vie? Et le mariage?

GILBERTE

Ne crois pas que je me marierai jamais! Il n'y a plus de bonheur possible pour moi...

CLAIRE

Bon! Le cousin Darcy aura des arguments!

LAURE

Alors, tu ne veux pas demander pardon à ta sœur?

GILBERTE

Elle a ton affection, elle n'est pas à plaindre! Il vaut mieux que nous ne nous voyions plus!... Je te demande la permission d'aller vivre chez grand'mère...

CLAIRE

Elle est enragée!

LAURE

Alors, je ne puis rien sur ton esprit intransigeant? Tu refuses de réparer le mal que tu as fait?

GILBERTE

Je ne sais pas mentir!

LAURE

C'est une cruelle expérience que je fais, ma pauvre Gilberte, de voir le peu que je suis à tes yeux. Je comptais sur toi pour éviter une grande tristesse. J'avais tort. C'est fort bien. Tu peux donc rester ou partir à ton gré. Blanche te cède la place. De toute façon, d'ailleurs, elle devait quitter cette maison. Tantôt, j'avais réussi à lui faire accepter un mariage qui aurait fait son bonheur et le mien, — maintenant, elle a été si blessée, si malheureuse, qu'elle veut renoncer au monde et retourner au couvent.

GILBERTE

Au couvent?

LAURE

Oui...

GILBERTE

Elle refuse de se marier?

LAURE

Elle refuse... oui...

GILBERTE

A cause de la dot?

LAURE

A cause de cela. Tu sais bien que ton père avait arrangé les choses pour qu'elle ignorât sa générosité, et qu'elle l'ignorait, en effet.

GILBERTE

Oui! Tu as raison! J'ai commis une mauvaise action! Mon père ne m'approuverait pas!

LAURE

Il est temps que tu en conviennes!

GILBERTE

Blanche n'ira pas au couvent pour cela! Je veux lui parler.

LAURE, à Claire.

Fais-la demander. (Claire sort un instant pour donner l'ordre et revient aussitôt.) J'ai toujours de l'affection pour toi, Gilberte. Mais si tu as quelque désir de la conserver, pèse bien tes paroles, et fais en sorte que Blanche reste avec nous!

SCÈNE IV

LAURE, CLAIRE, GILBERTE, BLANCHE

(Blanche entre d'un air résolu.
Elle s'avance pour embrasser sa mère qui doucement l'écarte).

LAURE.

Plus tard... (Elle regarde Gilberte qui, après un moment d'hésitation, s'avance vers Blanche).

GILBERTE.

Blanche, j'ai dit tout à l'heure un mot que je ne devais pas dire...

LAURE.

Un seul mot?

GILBERTE, regardant sa mère.

Oui, un seul mot!... (Se retournant vers Blanche). J'avais le devoir de prendre parti, comme j'ai fait, pour la mémoire sacrée de mon père. Ce devoir, je l'ai rempli, et cela me coûte cher, mais je ne le regrette pas! J'avais bien le droit aussi de crier ma douleur! Je ne suis pas de celles qui jugent de tout avec indifférence! Te voir préférée à moi, comme ton père est préféré au mien, cela met entre nous, tu le comprends, quelque chose d'irréparable! Mais si je suis violente, passionnée et jalouse, tu sais bien, Blanche, que je n'ai pas l'âme vile! Tu sais bien que je ne suis pas intéressée, bassement intéressée à une question d'argent! Cette question d'argent n'est pas digne de nous! Je te demande pardon d'avoir parlé de la dot! Ma douleur m'a emportée! J'approuve de tout mon cœur, tu ne peux en douter, n'est-ce pas, Blanche? la donation de mon père, et je te supplie de l'accepter!

BLANCHE

Gilberte, tu es une généreuse enfant! J'estime, comme elle le mérite, ta noble et franche nature. Quoi qu'il y ait entre nous, jamais je ne la méconnaîtrai... Et ta souffrance, oh! je la comprends si bien! Pourtant, je dois refuser! non par rancune envers toi, mais à cause de la situation elle-même... Aucune parole ne l'a fait naître... aucune parole ne peut l'effacer...

GILBERTE

Que veux-tu dire?

BLANCHE

La fortune de ton père est à toi tout entière... Il n'en peut tomber la moindre partie dans mes mains... et mes mains n'en veulent pas!

GILBERTE

Pourquoi?

BLANCHE

Ton père ne m'a jamais aimée... Quand, par hasard, je rencontrais ses yeux, je voyais dans son regard une sorte de ressentiment... inexplicable alors pour moi et que, certes, je ne méritais pas. Il a, sans doute, voulu, par cette donation, réparer ses torts... involontaires, à mon égard, m'indemniser, en quelque sorte, de ce qui, par son fait, manquait à mon enfance... Il n'y a rien là qui puisse se traduire... en argent... Mon pardon, je le lui accorde de tout mon cœur, — pour rien! Si ton père était généreux, le mien était fier, et ne permet pas que j'accepte!...

CLAIRE

Ça ne sent pas trop l'humilité chrétienne!...

BLANCHE

L'humilité chrétienne n'a rien à voir ici. Tu as bien raison de dire, Gilberte, que la question d'argent est indigne de nous. Elle n'a aucune importance en elle-même... mais elle signifie beaucoup. Elle a fait revivre en moi certaines impressions... oubliées...

LAURE, anxieuse.

Quelles impressions?

BLANCHE

Que cette maison n'était pas la mienne... Que ce foyer n'était pas mon foyer. Quand je venais ici, les jours de sortie, je regardais avec admiration ces meubles, ces étoffes, ces objets d'art... Je ne les aimais pas... Je ne les sentais pas intimes, hospitaliers... Gilberte me reprochait de préférer ma chambrette à ce salon. C'est que je subissais, sans m'en douter, l'attraction des pauvres meubles qui ont appartenu à mon père, qui étaient, à mes yeux, de vieux amis, et qui sont à moi, bien à moi!... Toutes les choses ici m'accueillaient froidement...

LAURE

Et ma tendresse, ingrate?

BLANCHE, profondement triste.

Elle n'était pas alors ce qu'elle fut depuis...

LAURE

Voilà ton œuvre, Gilberte!... l'œuvre de ton mensonge!...

BLANCHE

Je sens encore sur ma joue tes baisers de ce temps-là... J'en ai connu de meilleurs... (Laure pleure). Ah! ne crois pas, maman, que je te reproche rien! Je parle ainsi pour que tu comprennes comment ma vie s'est faite ailleurs... Pendant quinze ans de ma jeunesse, le couvent a été tout pour moi... La religion était le seul besoin de mon âme... Comment pourrais-je effacer cela?

LAURE, pleurant.

Et tes espoirs de tout à l'heure? Tes enthousiasmes?...

BLANCHE

Mon ivresse est déjà dissipée...

CLAIRE

Et ce gentil garçon qui est fou de toi, et qui te prendrait sans dot, au besoin?...

BLANCHE

Je ne veux pas qu'il entre en lutte avec sa famille... à cause de moi.

LAURE

Tu préfères le désespérer?

BLANCHE, émue.

Le désespérer?... (se reprenant). Va! Il se consolera!

LAURE

Qu'en sais-tu?

BLANCHE, détournant les yeux.

Les chagrins du monde sont aussi fugitifs que ses plaisirs! (Laure est accablée). Il faut nous quitter! Adieu!

LAURE, se reprenant.

Non! Ce n'est pas possible! Tu ne peux partir ainsi! Réfléchis encore! Attends jusqu'à demain!

BLANCHE

Pourquoi prolonger, pourquoi recommencer une heure si douloureuse?

LAURE

Mes deux enfants me feront mourir de chagrin! Voyons, Gilberte, parle à ton tour! Tu fus acharnée contre ta sœur... c'est avec une véritable haine que tu cherchas à lui faire du mal, à la blesser au plus sensible de son être... Tu as trop bien réussi!... Elle était heureuse, son âme s'épanouissait!... l'avenir le plus charmant s'ouvrait pour elle... et tu vois ce que tu as fait de tout cela! Ses élans sont brisés... la douleur a remplacé la joie... et maintenant elle a le monde, et la vie, et la famille en horreur! Et tu restes là, insensible? Et tu ne trouves rien à lui dire... sinon sur la question sans importance de la dot? Ce n'est pas assez! Tu dois avoir autre chose dans le cœur. ou alors quelle méchante fille es-tu?

(Gilberte fond en larmes).

BLANCHE

Maman, Gilberte n'est pas coupable! Sa colère m'a cruellement blessée, et irréparablement... Mais sa colère avait un motif noble...

LAURE

Que m'importe le motif? Elle a fait le mal!

BLANCHE, à Gilberte qui sanglote.

Ne te tourmente pas, Gilberte. Tout cela devait arriver. Je n'emporte aucune mauvaise pensée.

GILBERTE, levant la tête vers Blanche, d'un accent profond.

Je voudrais pouvoir t'aimer !...

BLANCHE

Oh ! je le sais !

LAURE

Des étrangères s'aimeraient tout simplement ! Elles s'embrasseraient, elles pleureraient ensemble, et tout serait oublié !

BLANCHE

Rien ne peut être oublié de ce qui est...

GILBERTE

J'aurais voulu pouvoir vivre avec toi... me donner tout entière... te faire aimer la vie... aimer cette maison...

BLANCHE

Nous étions trop sincères et trop fidèles pour nous accorder... Les relations superficielles nous étaient faciles, non les profondes relations de sentiments, les seules qui aient pour nous quelque valeur... Nous pouvions rire, — et nous sommes rarement gaies .. Nous ne pouvions pleurer ensemble, — et nous sommes souvent tristes .. Nos souvenirs, notre piété nous séparaient... La communauté des chagrins, voilà ce qui nous a manqué !

LAURE

Toutes les deux, vous êtes pareilles ! Vous êtes

dominées, aveuglées par l'idée de ce qui vous sépare, et vous ne voulez pas songer à ce qui vous unit! Vous pensez toujours à vos pères, vous en parlez toujours! Vous êtes animées de leur rivalité... que vous ne devriez point connaître!... Vous vous croyez obligées, par devoir filial, d'être des ennemies irréconciliables! Eh bien, et moi? Et vos devoirs envers moi, quand les remplirez-vous? C'est moi qui vous ai mises au monde, qui vous ai allaitées, qui vous ai soignées, et ce que je vous ai donné de ma chair, de mon sang et de mon amour, cela ne compte pas pour vous! Vous n'avez que la même mère, cela ne vous fait pas sœurs! Allez! allez! mes enfants! Partez chacune de votre côté!... Laissez-moi seule! Déchirez bien mon cœur! Un jour, vous comprendrez ce que vous faites, et ce que vous me deviez! Vous comprendrez que votre affection fraternelle était la meilleure partie de votre dette envers moi!

BLANCHE, très émue.

Nous nous aimerons mieux... j'en suis sûre, quand nous serons séparées...

LAURE, faisant un dernier effort.

Mais pourquoi rentrer au couvent? Si, malgré mes prières et mes larmes, vous ne pouvez vivre dans la même maison, que Gilberte aille chez sa grand'mère, puisqu'elle le désire; et toi, reste ici. Ensuite, marie-toi...

BLANCHE

Non, maman, c'est impossible!

LAURE

Pourquoi me faire cette horrible peine?

BLANCHE

Chacun doit suivre sa destinée.

LAURE

Pourquoi désobéis-tu à ton père?

BLANCHE

Je ne lui désobéis pas! Il m'approuverait de me dévouer à ma foi comme il s'est dévoué à son art! J'applique sa plus haute leçon, celle qui concorde avec tout ce qu'on m'a enseigné ailleurs : j'assure l'unité de ma vie!

LAURE, *faiblissant.*

Aime celui qui t'aime. Dévoue-toi à lui...

BLANCHE

Et si, aimant aujourd'hui, je n'aimais plus demain? Si mes sentiments allaient changer!... Si j'allais me trouver à la merci des tentations et des erreurs du monde?

LAURE, *accablée.*

Ah! que c'est cruel, l'innocence! Va, je te comprends trop bien! Tu me juges et tu me condamnes!

BLANCHE

Je te jure, maman, que je te respecte et que je t'aime!

LAURE

C'est ma faiblesse, à moi, qui te décourage de vivre!

BLANCHE

Non, c'est la mienne, la mienne seule qui m'épouvante... Sous le coup de la douleur, j'ai senti l'incurable fragilité de mon âme... Laisse-la se mettre à l'abri... Un amour humain n'aurait aucune sécurité en moi, et je ne veux livrer mon cœur qu'à des sentiments éternels!

LAURE, sans force.

Va, je ne te retiens plus! (A elle-même.) Malheureuse que je suis! C'est mon deuxième amour qui lui fait haïr l'amour!

BLANCHE

Vis en paix, ma mère. Tout cela devait arriver... Et je te jure que ma vie est là-bas! Adieu, maman, adieu! (Elle embrasse sa mère avec une vive émotion. Laure se laisse faire, inerte). Tante Claire m'accompagnera?

CLAIRE

Hé! certainement! A-t-on jamais vu une entêtée pareille! (Elle sort pour se préparer.)

BLANCHE

Adieu, Gilberte!

GILBERTE

Adieu, Blanche! (Elles s'embrassent longuement).

BLANCHE

Tâche de consoler maman...

GILBERTE

Comment le pourrais-je! Tu emportes tout son cœur! (Blanche jette un dernier regard désolé sur sa mère qui sanglote, puis elle sort vivement).

SCÈNE V

LAURE, GILBERTE

GILBERTE, indécise, douloureuse, avec un peu d'espoir.

Je vais écrire à grand'mère... qu'elle ne m'attende pas?... (Sa mère reste immobile).

LAURE, semblant s'éveiller.

Au contraire. Nous partirons ensemble demain... Et maintenant, Gilberte, tu vas songer à autre chose, n'est-ce pas? Il serait temps. Il faut te marier... oublier le passé, et t'occuper de l'avenir... Laisse-moi avec mes chagrins, mon enfant, avec mes regrets...

GILBERTE

Je ferai ce que tu voudras. Maintenant, tout m'est égal... (La mère sort. Elle tombe à genoux devant le portrait et sanglote). Père, nous sommes vaincus!...

RIDEAU

SAINT-DENIS
IMPRIMERIE H. BOUILLANT
20, RUE DE PARIS, 20

DANS LA MÊME COLLECTION

à 2 francs le volume

JULES RENARD

ABEL HERMANT

JULES RENARD

MICHEL PROVINS

JULES RENARD

O. MÉTÉNIER & R. RALPH

JEAN BERLEUX

FRANCIS DE CROISSET

5033. — Paris. — Imp. Hemmerlé et Cie.

www.ingramcontent.com/pod-product-compliance
Lightning Source LLC
LaVergne TN
LVHW050417160826
845677LV00002BA/409

9782329770239